Cenários econômicos e tendências

Central de Qualidade — FGV Management
ouvidoria@fgv.br

PUBLICAÇÕES
FGV Management

SÉRIE GESTÃO ESTRATÉGICA E ECONÔMICA DE NEGÓCIOS

Cenários econômicos e tendências

Robson Ribeiro Gonçalves
Alexandre Pavan Torres
Murilo Ramos Alambert Rodrigues
Nora Raquel Zygielszyper

FGV
management

FGV
EDITORA

Direitos desta edição reservados à
EDITORA FGV
Rua Jornalista Orlando Dantas, 37
22231-010 — Rio de Janeiro, RJ — Brasil
Tels.: 0800-021-7777 — 21-3799-4427
Fax: 21-3799-4430
editora@fgv.br — pedidoseditora@fgv.br
www.fgv.br/editora

Impresso no Brasil/*Printed in Brazil*

1ª edição — 2011; 1ª reimpressão — 2012; 2ª reimpressão — 2013.

Preparação de originais: Ronald Polito
Editoração eletrônica: FA Editoração Eletrônica
Revisão: Carlos Eduardo de Abreu e Lima | Paulo Telles Ferreira
Capa: aspecto:design
Ilustração de capa: Romero Cavalcanti

Gonçalves, Robson Ribeiro
Cenários econômicos e tendências / Robson Ribeiro Gonçalves... [et al.]. — Rio de Janeiro: Editora FGV, 2011.
164 p.: il. — (Gestão estratégica e econômica de negócios (FGV Management))

Em colaboração com Alexandre Pavan Torres, Murilo Ramos Alambert Rodrigues, Nora Raquel Zygielszyper.
Publicações FGV Management.
Inclui bibliografia.
ISBN: 978-85-225-0878-5

1. Planejamento estratégico. 2. Processo decisório. 3. Desenvolvimento organizacional. I. Torres, Alexandre Pavan. II. Rodrigues, Murilo Ramos Alambert. III. Zygielszyper, Nora Raquel. IV. FGV Management. V. Fundação Getulio Vargas. VI. Título. VII. Série.
CDD — 658.401

Aos nossos alunos e aos nossos colegas docentes,
que nos levam a pensar e repensar as nossas práticas.

Sumário

Apresentação

Este livro compõe as Publicações FGV Management, programa de educação continuada da Fundação Getulio Vargas (FGV).

Instituição de direito privado com mais de meio século de existência, a FGV vem gerando conhecimento por meio da pesquisa, transmitindo informações e formando habilidades por meio da educação, prestando assistência técnica às organizações e contribuindo para um Brasil sustentável e competitivo no cenário internacional.

A estrutura acadêmica da FGV é composta por oito escolas e institutos: a Escola Brasileira de Administração Pública e de Empresas (Ebape), dirigida pelo professor Flavio Carvalho de Vasconcelos; a Escola de Administração de Empresas de São Paulo (Eaesp), dirigida pela professora Maria Tereza Leme Fleury; a Escola de Pós-Graduação em Economia (EPGE), dirigida pelo professor Rubens Penha Cysne; o Centro de Pesquisa e Documentação de História Contemporânea do Brasil (Cpdoc), dirigido pelo professor Celso Castro; a Escola de Direito de São Paulo (Direito GV), dirigida pelo professor Ary Oswaldo Mattos Filho; a Escola de Direito do Rio de Janeiro (Direito Rio), dirigida pelo professor Joaquim Falcão; a Escola de Economia de São Paulo (Eesp), dirigida pelo professor Yoshiaki Nakano; o Instituto Brasileiro de Economia (Ibre), dirigido pelo professor Luiz Guilherme Schymura de Oliveira. São diversas unidades com a marca FGV, trabalhando com a mesma filosofia: gerar e disseminar o conhecimento pelo país.

Dentro de suas áreas específicas de conhecimento, cada escola é responsável pela criação e elaboração dos cursos oferecidos pelo Instituto de Desenvolvimento Educacional (IDE), criado em 2003 com o objetivo de coordenar e gerenciar uma rede de distribuição única para os produtos e serviços educacionais da FGV, por meio de suas escolas. Dirigido pelo professor Clovis de Faro e contando com a direção acadêmica do professor Carlos Osmar Bertero, o IDE engloba o programa FGV Management e sua rede conveniada, distribuída em todo o país (ver www.fgv.br/fgvmanagement), o programa de ensino a distância FGV Online (ver www.fgv.br/fgvonline), a Central de Qualidade e Inteligência de Negócios e o Programa de Cursos Corporativos In Company. Por meio de seus programas, o IDE desenvolve soluções em educação presencial e a distância e em treinamento corporativo customizado, prestando apoio efetivo à rede FGV, de acordo com os padrões de excelência da instituição.

Este livro representa mais um esforço da FGV em socializar seu aprendizado e suas conquistas. Ele é escrito por professores do FGV Management, profissionais de reconhecida competência acadêmica e prática, o que torna possível atender às demandas do mercado, tendo como suporte sólida fundamentação teórica.

A FGV espera, com mais essa iniciativa, oferecer a estudantes, gestores, técnicos — a todos, enfim, que têm internalizado o conceito de educação continuada, tão relevante nesta era do conhecimento — insumos que, agregados às suas práticas, possam contribuir para sua especialização, atualização e aperfeiçoamento.

Clovis de Faro
Diretor do Instituto de Desenvolvimento Educacional

Ricardo Spinelli de Carvalho
Diretor Executivo do FGV Management

Sylvia Constant Vergara
Coordenadora das Publicações FGV Management

Introdução

O objetivo deste livro é apresentar ao leitor uma abordagem prática e atualizada do chamado planejamento com cenários. Essa é uma técnica que tem origem tão remota quanto a própria disciplina estratégia empresarial, mas que ganhou feição própria. Na atualidade, planejamento e estratégia devem ser compreendidos como conceitos complementares. Enquanto estratégia relaciona-se com o posicionamento organizacional, planejamento refere-se à preparação de ações.

Assim, o termo planejamento com cenários tem o significado de busca de uma antevisão do ambiente externo para dar suporte à tomada de decisão nas organizações. Mas quem unifica e dá coerência às diferentes decisões da organização é sua estratégia.

Apesar de sua origem militar remota, o planejamento com cenários só foi definitivamente incorporado à prática das organizações há algumas décadas. Um grande avanço nesse sentido foi realizado por Kahn e Wiener (1967) em sua tentativa de antever como seria o ambiente de negócios décadas à frente. Outro passo decisivo foi dado por Wack (1985) e Schwartz

(2000), que, juntos, desenvolveram com grande sucesso a análise de cenários na Shell ao longo dos anos 1970.

Com a aceleração recente das mudanças no ambiente de negócios, o planejamento com cenários passou a ser visto como um campo imenso e fértil, oferecendo ferramentas úteis para a tomada de decisão nas organizações e para o enfrentamento da crescente incerteza empresarial.

Mas é preciso deixar claro que essa técnica não oferece ferramentas de previsão (*forecast*). Estas últimas são úteis quando o número de elementos predeterminados é elevado e, portanto, análises econométricas de caráter preditivo se tornam apropriadas. Estimar o impacto de dada elevação nas tarifas de energia elétrica sobre o consumo das famílias e sobre os preços de embalagens de alumínio é um bom exemplo desse tipo de previsão. Afinal, a sensibilidade da demanda ao preço (no caso das famílias) e o mecanismo de formação de preço (no caso da indústria de embalagem) são bem conhecidos nesse mercado e, desse modo, seus parâmetros são predeterminados.

Cenários, por sua vez, são "futuros possíveis", imaginados sem objetivos preditivos, mas que buscam determinar as fronteiras do razoável, ou seja, daquilo que parece verossímil para o futuro do ambiente de negócios, dado o conhecimento que temos no presente. A técnica que apresentaremos neste livro se mostra útil quando o número de elementos predeterminados é menor e, portanto, a incerteza é mais acentuada. Ao mesmo tempo, cenários são úteis para explicitar situações de estresse de forma articulada, tornando mais claros os riscos de projetos específicos e possibilitando o desenho de respostas para cada conjunto de desafios futuros, para cada cenário.

Assim, o maior objetivo do planejamento com cenários é acelerar a reação diante de diferentes conformações possíveis do ambiente de negócios. Como veremos, o produto a que se chega ao longo do processo são decisões cuja meta é maior geração de valor por parte de empresas e profissionais. Portanto, cenários não são mapas que, uma vez elaborados, orientam a ação empresarial de forma indefinida. A "geografia dos negócios" está sempre mudando e, por isso, mesmo os melhores mapas podem se tornar rapidamente obsoletos. Cenários são exercícios de imaginação, "histórias de futuro" que precisam ser continuamente avaliadas e reformuladas, gerando reflexões que visam dar robustez à tomada de decisão (Heijden, 2009:28).

Tendo em mente essas linhas gerais de análise, organizamos o livro em quatro capítulos, além desta introdução e da conclusão.

No capítulo 1, você, leitor, será apresentado aos elementos centrais da análise: conceitos, métodos, usos e limitações do planejamento com cenários. Já nesse primeiro capítulo, apresentaremos um arcabouço completo de reflexão cujos elementos centrais serão aprofundados na sequência.

O capítulo 2 trata especificamente de tendências, as forças motrizes que pressionam o ambiente empresarial, determinando sua evolução ao longo do tempo e, portanto, servindo de guia para a construção consistente de cenários. Destaque especial será dado às amplas mudanças em curso no comportamento do consumidor e nas formas de atribuição de valor a produtos e serviços, as quais estão alterando profundamente a maneira de fazer negócios nos mais diferentes contextos.

O capítulo 3 trata de cenários macroeconômicos. Variáveis como crescimento do PIB, inflação, juros e câmbio, entre outras, têm impacto relevante sobre todo o ambiente empresarial e, portanto, são de claro interesse para exercícios de cenarização.

O capítulo 4 trata do monitoramento e do alinhamento estratégicos. Afinal, se a construção de cenários serve como uma forma de antevisão do ambiente empresarial, é fundamental manter a estratégia das organizações em linha com esses cenários. Nesse capítulo, foi dado grande destaque para a chamada "abordagem baseada em recursos", ou *resource-based approach*, um modelo de análise das organizações extremamente afim com o planejamento com cenários (Henry, 2007, cap. 5).

Um capítulo de conclusões encerra o texto.

Ao final do livro, esperamos que você, leitor, esteja motivado a seguir em frente, pondo em prática algumas das ideias que apresentamos aqui em sua própria vivência empresarial e, quem sabe, na condução de sua carreira profissional.

1 Planejamento com cenários: caracterização e aplicações

O golpe do mal que foi antevisto chega sempre mais fraco.
Sêneca (*Cartas* 76, 34)

Os termos cenários e tendências têm vários usos. Neste livro, eles são os pilares de toda a reflexão proposta como desafio a você, leitor. Por sua vez, a atividade de planejamento com cenários se relaciona com a busca de uma visão de futuro por parte de empresas e pessoas de negócios e com seu processo de tomada de decisão em um ambiente crescentemente dinâmico. Por isso, este capítulo serve de guia para que se possa compreender não apenas aqueles dois conceitos, mas, sobretudo, as linhas gerais do modelo mental que serve de base para o planejamento com cenários.

Assim, ao longo de todo o capítulo, uma série de elementos conceituais serão expostos de forma ampla, mas articulada. No restante do livro, cada ideia e cada conceito serão desenvolvidos e aprofundados.

> Ao longo deste capítulo, merecem especial atenção os seguintes conceitos: cenários, tendências ou forças motrizes, previsão, tendências globais, *path dependencies*, cinco etapas para a elaboração de cenários e técnica ortogonal.

Cenarização versus previsão

Em sua origem, a palavra empresa é sinônimo de aventura, ação envolvendo risco. Isso significa que o empresário está sempre diante da incerteza. Suas ações e suas escolhas visam sustentar a geração de valor para os donos do capital que dá origem à empresa. Mas essas ações e escolhas se desdobram no ambiente de negócios, defrontando-se com uma série de outras ações e escolhas realizadas por fornecedores, competidores, clientes, governos. Em princípio, a resultante dessa teia de relações não é conhecida de antemão. Ao menos, não com certeza.

Assim, quando falamos de cenários e tendências, estamos tratando da importante busca de antevisão, de antecipação, dentro dos limites do possível, dos resultados das ações e escolhas das empresas e dos homens e mulheres de negócio.

A construção de cenários e a identificação de tendências materializam a busca de "futuros possíveis", configurações do ambiente no qual a empresa e seus negócios estarão inseridos no futuro. Mas não se trata de mera especulação sobre o que ocorrerá à frente. O objetivo último da formulação de futuros possíveis é aumentar a capacidade de avaliar a eficácia das ações que estão tendo lugar no presente e acelerar a reação dos decisores diante de situações novas ou adversas.

Um dos aspectos mais interessantes dessa atividade é que ela é típica do comportamento humano, tanto na dimensão econômica de nossas vidas quanto em outros campos. Quem escolhe uma carreira universitária, quem compra um computador pessoal ou quem decide mudar-se de residência, em algum momento, procurou olhar adiante no tempo, imaginando futuros possíveis.

E aqui surge uma questão de grande importância. A construção de cenários não se confunde com exercícios de previsão (*forecasting*). Nesse sentido, vale um exemplo ilustrativo.

Imagine que algumas sondagens geológicas estimassem o potencial de determinada reserva de petróleo em um campo do Pré-Sal. Reunindo informações sobre as características do solo submarino na área, avaliando os riscos inerentes à perfuração do poço e considerando ainda as dificuldades técnicas do projeto, suponha que uma equipe da Petrobras fizesse a seguinte afirmação: "O poço deverá entrar em operação no período de 18 a 20 meses". Esse é um típico exercício de previsão.

Agora imagine que a empresa encomendasse um estudo de cenarização a respeito dos preços do petróleo nos 10 anos posteriores à entrada em operação daquele poço. Em um dos cenários, a economia mundial acelera progressivamente seu ritmo de crescimento e os combustíveis fósseis são substituídos muito lentamente por fontes alternativas. Como resultado, o preço do barril no horizonte de projeção permaneceria em torno de US$ 110. No cenário alternativo e pessimista ao extremo, uma nova crise financeira gera forte recessão mundial e a recuperação é muito lenta, fazendo os preços das *commodities* cair com força. Nessas condições, os preços do barril baixariam para US$ 63 em média no período analisado.

Agora suponha que o custo de extração do petróleo naquele poço é de US$ 48 o barril e que a margem de lucro desejada é de 20% ou US$ 9,60. A análise de cenários, simulando um futuro possível pessimista ao extremo, mostrou que o projeto resistiria com boa folga em termos de lucratividade. O objetivo não é saber qual será o preço real do barril no horizonte de projeção, mas estimar a rentabilidade do projeto e, quem sabe, da empresa como um todo em dois cenários, sendo o primeiro o mais provável, isto é, o cenário-base ou cenário de referência, e o segundo o cenário de estresse.

Figura 1

DIFERENTES HORIZONTES DE PROJEÇÃO

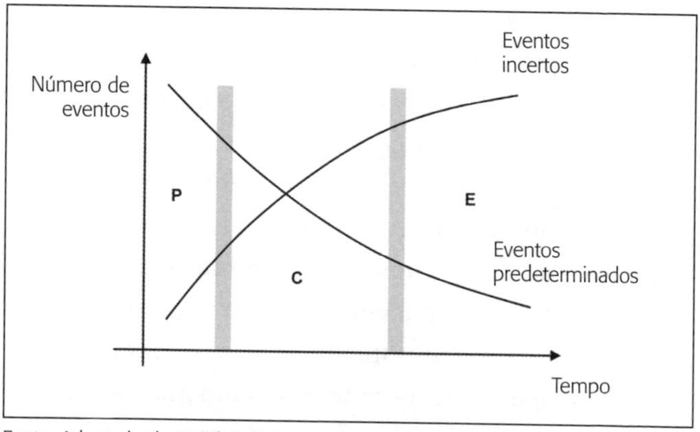

Fonte: Adaptado de Heijden (2009:127).

Não há uma regra única para definir o horizonte temporal da análise. Na cadeia da construção civil, por exemplo, a tecnologia evolui de forma mais lenta do que na indústria eletrônica ou na indústria da moda. A maneira como fazemos tijolos hoje não é radicalmente diferente de como faziam os antigos egípcios. Portanto, curto prazo é o tempo no qual, em geral, não ocorrem mudanças drásticas no ambiente empresarial. Esse é o campo típico da análise de cenários macroeconômicos, como veremos no capítulo 3. Já o longo prazo é o tempo no qual rupturas são eventos mais prováveis, exigindo uma análise mais detalhada das tendências em curso.

A figura 1 ilustra a relação entre eventos predeterminados, incerteza e a definição de horizontes temporais de análise. Nesse sentido, o curto prazo (área P) é um horizonte temporal no qual há um número elevado de eventos predeterminados e, portanto, alguns exercícios de previsão (*forecast*) são possíveis. Quanto mais distante o horizonte temporal, mais úteis são as análises de cenários e, portanto, mais necessários os estudos de tendência (área C da figura 1). Mas, é claro, em um horizonte temporal muito afastado, acabamos atingindo o terreno das meras especulações, das crenças e esperanças (área E). As fronteiras entre esses três horizontes muitas vezes não são claras e diferentes ferramentas de análise podem ser usadas simultaneamente nas áreas cinzentas da figura 1.

Analogias esclarecedoras

Feita essa discussão preliminar, é preciso agora conceituar o que são cenários e tendências no âmbito do planejamento com cenários. Isso porque cenários e tendências são termos de uso comum na linguagem do dia a dia e muitas vezes são empregados de forma imprópria. Uma boa maneira de firmar ambos os conceitos é propor algumas analogias.

Então, imagine-se participando de um jogo estratégico.

E não se engane! Nem todo jogo é estratégico. Quem joga paciência no computador não está diante nem de oponentes nem de parceiros, pois seu "adversário" não faz escolhas, não tem objetivos e, portanto, não desenvolve uma estratégia. Nesse jogo, seu oponente é o acaso, o tempo ou sua própria capacidade de concentração. Então, imagine-se disputando um campeonato de xadrez ou futebol, ou ainda uma sequência de partidas de pôquer contra oponentes humanos. Ao longo de cada partida, ou mesmo antes de seu começo, cada jogador terá traçado cenários na busca do melhor posicionamento estratégico, das melhores escolhas visando à vitória. Talvez você queira evitar se deparar com determinado adversário na semifinal e, para isso, pode ser interessante perder uma partida na fase classificatória.

Assim, como dissemos, cenários devem ser compreendidos como futuros possíveis, isto é, um ou mais conjuntos de eventos que podem acontecer no ambiente futuro dentro de determinadas regras do jogo.

Andar de carro em uma grande cidade ouvindo o rádio para saber as condições do trânsito é uma atividade que envolve a construção de cenários em pequena escala. Os cenários são imaginados para responder à questão: "O que eu faria em cada caso, dado o objetivo de chegar são e salvo em casa?" Se começar a chover, o cenário mais provável é que certas ruas ficarão congestionadas. Da mesma forma, se eu souber que houve um acidente em um via importante, talvez seja melhor sair do trabalho mais tarde.

E, desde já, surge uma questão que será explorada ao longo deste livro: sem um objetivo claro e sem um bom conhecimento das forças que atuam sobre o ambiente no qual nossa ação se desenvolve, o exercício de cenarização não faz sentido!

Agora, imagine-se em um jogo cujas regras podem mudar, ou os jogadores podem mudar ou mesmo aperfeiçoar sua técnica ao longo do tempo em que você interage com eles. Ou, quem sabe, o próprio tipo de jogo pode ser alterado. O futebol, por exemplo, foi revolucionado nos anos 1970 pelo "carrossel holandês", que impôs novos padrões de condicionamento físico e movimentação aos jogadores.

Nesse sentido, tendências são forças de impacto sobre o ambiente de negócios que, juntas, indicam que tipo de jogo poderá surgir a partir de sucessivas alterações nas regras e nas habilidades dos jogadores. Em outras palavras, é a ação das tendências que modifica as regras do jogo, isto é, as características do ambiente empresarial ao longo do tempo. A escolha de um curso superior ou de um novo bairro para morar envolve a tentativa de identificação de tendências no mercado de trabalho e no desenvolvimento urbano, respectivamente. As forças de maior impacto no ambiente onde se desenvolve a ação de pessoas e empresas são chamadas forças motrizes, tópico também amplamente discutido nos próximos capítulos.

Chega-se, assim, a uma primeira e importante diferenciação entre cenários e tendências. Como regra, cenários se referem à caracterização do ambiente no qual a empresa estará atuando no futuro dentro de certas hipóteses sobre como serão as regras do jogo. Por sua vez, tendências são as forças que pressionam e alteram esse mesmo ambiente em uma dinâmica que, muitas vezes, já se esboça no presente.

Algumas tendências, como o envelhecimento da população ou o crescimento da participação do setor de serviços no PIB, levam vários anos para alterar o ambiente empresarial. Outras, como o surgimento de novas tecnologias, podem se explicitar de forma abrupta.

Um ponto essencial a reter quanto à relação entre esses dois conceitos é que a construção de cenários é condicionada à análise das tendências. Errar na identificação e análise das forças motrizes levará a projeções irrelevantes sobre o ambiente de negócios no futuro.

Conclui-se que cenários e tendências são ferramentas cujo emprego no planejamento da estratégia empresarial é bastante amplo. Mas, como veremos na próxima seção, é importante destacar os limites desse tipo de análise

Usos e limites

Com o que se discutiu sobre cenários e tendências nas seções anteriores, já se pode chegar a três conclusões que estarão presentes ao longo de todo este livro:

- Em primeiro lugar, ambos são ferramentas de apoio à tomada de decisão no jogo empresarial. O produto final de um exercício de planejamento com cenários não são os cenários em si, mas as decisões que são tomadas a partir deles, isto é, algo intangível, as decisões, com vistas a algo bastante tangível, a geração de valor.
- Além disso, os dois conceitos se referem ao ambiente externo no qual a estratégia empresarial se desenvolve.

- Por fim, a construção de cenários e a identificação de tendências são processos que envolvem capacidade de percepção e criação, pois se referem a configurações imaginadas para ambiente empresarial no futuro e que resultam da ação de forças impactantes sobre esse mesmo ambiente ao longo do tempo.

Além da dimensão temporal do exercício de cenarização, discutida no tópico anterior, é importante definir o escopo do planejamento com cenários. Isso porque essa técnica pode ser aplicada em dimensões variadas dos negócios de uma empresa e, portanto, pode se referir a diferentes dimensões de seu ambiente de atuação. A figura 2 ilustra essas diferentes dimensões.

Figura 2
Esferas do ambiente de negócios

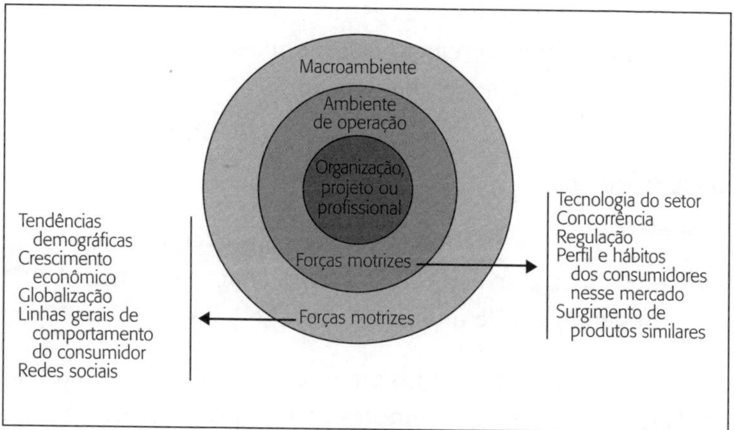

Fonte: Adaptado de Turner (2008:2).

Muitas vezes, as organizações estão interessadas em discutir projetos específicos e utilizam exercícios de cenarização para apoiar a decisão sobre o momento do lançamento, os riscos do empreendimento, sua capacidade de resistir a situações ambientais críticas etc., como no exemplo do poço de petróleo, apresentado anteriormente. Com esse escopo, a empresa sabe que não basta analisar somente as tendências de seu ambiente de operação, isto é, aquelas relativas estritamente ao negócio do petróleo. Isso porque, por se tratar de uma *commodity* energética, entre outros usos, o mercado de petróleo é fortemente impactado por forças do macroambiente, desde o ritmo de crescimento da economia mundial até as preferências do consumidor relativas ao uso de fontes alternativas de energia.

Agora imagine alguém que, insatisfeito com sua carreira profissional, resolva fazer um novo curso universitário para se tornar advogado. Essa pessoa terá de traçar alguns cenários para o mercado de trabalho dentro de cinco ou seis anos. Duas das tendências de maior impacto referem-se ao ambiente de operação: a concorrência, isto é, a oferta desse tipo de profissional no mercado de trabalho no futuro, e a regulação, ou seja, as normas que regem a profissão, ampliando ou reduzindo as oportunidades de trabalho do advogado.

Por fim, o planejamento com cenários envolve, muitas vezes, toda a organização. São exercícios amplos, realizados em diferentes dimensões temporais e que visam traçar futuros possíveis tanto para o ambiente de operação quanto para o macroambiente. Como regra, esses cenários amplos servem de base para uma segunda etapa na qual são realizados outros exercícios com escopos mais limitados como foco, por exemplo, em linhas de produto específicas ou mercados regionais, ou, alternativamente, com horizontes temporais mais curtos. E, ao aproximar o horizonte temporal, é comum que essa segunda etapa faça uso simultâneo de modelos de previsão tanto para os mercados nos quais a empresa atua quanto para as principais variáveis macroeconômicas: PIB, inflação, juros, câmbio etc.

Definidos com clareza o horizonte temporal e o escopo da análise, o planejamento com cenários pode então ser usado como parte do processo de decisão de organizações e profissionais. Mas, se fizermos uma rápida pesquisa na internet buscando visões de futuro possíveis em exercícios de cenarização do passado, poderemos encontrar algumas afirmações muito estranhas, diretrizes de negócios que deveriam ter levado algumas empresas e pessoas a grandes fracassos. Leia as quatro afirmações abaixo e responda: afinal, o que há de errado?[1]

- "O mercado mundial não terá lugar para mais do que cinco computadores nas próximas décadas" (Thomas Watson, presidente da IBM, 1952).
- "Ninguém precisará de mais do que 640 Kbites de memória em seu computador" (Bill Gates, presidente da Microsoft, 1981).
- "O telefone celular não tem qualquer possibilidade de se tornar popular nem de atrair milhões de usuários" (conclusão de duas consultorias famosas sobre o novo telefone lançado pela AT&T, em Chicago, em 1983).
- "Por volta do ano 2000 poderemos transmitir mais de 30 mil ligações telefônicas simultâneas numa única fibra óptica" (afirmação feita por um dos criadores da fibra óptica e Nobel de Física em 2009, Charles Kuen Kao, em 1979).[2]

Então, leitor, o que será que há de errado nessas afirmações? Na verdade, nada! Elas foram feitas em determinados contextos e serviram para nortear a ação de pessoas e empresas. Mas não eram tentativas de antevisão de um futuro distante. Eram futuros possíveis em dado horizonte temporal que serviram de ferramenta para tomada de decisão enquanto pareceram razoáveis.

---

[1] As quatro afirmações a seguir são de domínio público. Entre outras fontes, ver Shapiro e Varian (1999).

[2] O número correto para aquele ano era 800 milhões e a barreira de 1 bilhão já foi rompida há algum tempo.

A afirmação do presidente da IBM, por exemplo, não foi imposta para a empresa como um dogma. Apenas serviu de base para a cenarização por alguns anos. Isso porque, naquele momento, computador era uma máquina que funcionava com válvulas e ocupava várias salas, levando horas para realizar cálculos que sua planilha eletrônica consegue fazer em menos de um segundo. Em 1981, a grande meta de Bill Gates era a massificação do PC. Como os pentes de memória eram caros e não se enxergava a possibilidade de se tornarem baratos rapidamente, ele estava se comprometendo a não produzir programas que exigissem muita memória, encarecendo os PCs. Em 1983, o celular era um "tijolo" que exigia uma maleta para carregar baterias de zinco e chumbo. As ligações telefônicas transmissíveis através de fibras ópticas ganharam impulso devido a mudanças tecnológicas que ocorreram nas pontas, isto é, na forma de gerar, compactar e transmitir dados.

Muitas décadas depois, a IBM, por exemplo, ícone na fabricação de microcomputadores, mudou novamente, vendendo sua linha de PCs para uma empresa chinesa e focando na oferta de serviços ou "soluções" de TI.

Uma das lições mais importantes que podemos extrair refletindo sobre cada uma daquelas afirmações é que todo exercício de cenarização deve ter um horizonte temporal bem definido. Esse horizonte, por sua vez, é escolhido em função do alcance temporal da decisão crítica a ser tomada.

A lição mais importante a reter, analisando aquelas quatro afirmações da perspectiva do planejamento com cenários, é que a busca de antevisão deve ser conjugada à flexibilidade estratégica. Cada empresa e cada profissional devem estar prontos a corrigir rumos e fazer novas escolhas (como veremos no capítulo 4) na medida em que o ambiente empresarial vai mudando. Com o tempo, isso pode resultar em mudanças profundas em sua forma de fazer negócios.

Um exemplo interessante vem de diversas grandes construtoras brasileiras que se tornaram essencialmente gestoras de projetos construtivos, terceirizando quase todas as atividades propriamente construtivas. Foi a forma encontrada para ganhar agilidade e eficiência, inclusive no que diz respeito aos investidores, pois muitas delas se tornaram empresas de capital aberto (Gonçalves, 2009).

Até aqui, vimos que revisar afirmações relativas ao futuro do ambiente empresarial como as que foram analisadas exige a contínua observação desse mesmo ambiente, bem como uma reflexão crítica sobre os movimentos de maior interesse em sua conformação. Esta é uma busca contínua por mudanças de grande impacto que nos obrigam a repensar o futuro. Este tema será abordado na próxima seção.

Seis tendências globais

Na atualidade, o planejamento estratégico exige que se olhe adiante em diferentes níveis e em diferentes horizontes temporais. É de grande importância identificar tendências para compreendermos que tipo de jogo será jogado no futuro. Erros de cenarização são causados, muitas vezes, por uma compreensão limitada ou equivocada das tendências em curso.

Esse é um grande desafio, uma vez que o ambiente empresarial acelerou sua velocidade de mudança nas últimas décadas. Então, qual a melhor técnica para identificar tendências? O segredo está no fato de que mesmo as grandes mudanças mantêm certas regularidades. Isso significa que o ambiente de negócios possui *path dependencies*. Esse é um dos pontos explorados em maior detalhe no capítulo 2. Por enquanto, podemos adiantar que a melhor tradução para esse termo é: o rumo e o ritmo das mudanças já ocorridas influenciam o rumo e o ritmo das mudanças em curso. Um exemplo clássico pode ajudar a esclarecer o conceito de *path dependence*.

O teclado de nossos computadores é chamado de QWERTY, que são as primeiras letras à nossa esquerda. Ele foi desenvolvido no final do século XIX, quando as máquinas de escrever apresentavam sérios problemas de encavalamento dos tipos móveis que imprimiam as letras no papel. Um estudo foi feito para concentrar no meio do teclado as letras mais usadas pelos datilógrafos no idioma inglês, reduzindo os encavalamentos. O QWERTY foi um grande sucesso e se difundiu rapidamente, pois as máquinas de escrever com esse teclado eram muito mais ágeis. Assim, até hoje, o sucesso inicial e a rapidez da difusão do QWERTY condicionam a forma de produzir teclados, muito embora esteja comprovado que há desenhos mais eficientes. Como essa tendência continua em vigor e não se vislumbra nenhuma razão concreta para que haja mudanças radicais, não faria sentido traçar cenários de alterações abruptas nos teclados de computador (David, 1985).

Esse exemplo deixa claro que as escolhas feitas por pessoas e empresas acabam influenciando o rumo do ambiente empresarial no longo prazo. Mas o caso do teclado QWERTY ilustra uma tendência de curto alcance, isto é, limitada a um segmento ou produto específico. Existem outras tendências em curso de caráter bem mais amplo e que impactam o macroambiente de negócios como um todo.

Thurow (1997) propõe uma analogia para identificar essas megatendências. Ele afirma que estas são forças em movimento que, como placas tectônicas na superfície terrestre, movem-se em determinadas direções, lenta e simultaneamente. A dificuldade essencial para compreender essa dinâmica refere-se a dois pontos:

- identificar seu vetor resultante, isto é, o somatório dessas forças, para que se possa saber como a "geografia dos negócios" está evoluindo e, assim, construir cenários relevantes;

- identificar em que momento ocorrerão as rupturas mais graves, os terremotos resultantes da acomodação abrupta dessas placas ou megatendências.

Atualizando a análise do autor, podemos identificar ao menos seis megatendências, referidas ao longo do livro, e que têm impactos muito relevantes sobre o ambiente de negócios de qualquer empresa:

- *Constituição de padrões globais de consumo*. Graças à tecnologia da informação, sobretudo à internet, é possível saber facilmente se um produto que se adquire no Brasil também está em uso na Europa e se é mais barato comprar aqui ou em uma loja virtual de qualquer parte do mundo. Ao mesmo tempo, as empresas podem buscar fornecedores em quase todo o planeta. O exemplo mais conhecido são os *call centers* americanos na Índia (Friedman, 2005). Também é mais fácil monitorar as iniciativas dos competidores. As preferências de cada consumidor podem ser condicionadas a fatores e culturas regionais. Mas a avaliação que cada cliente faz, seja ele um consumidor ou outra empresa, tem sempre à disposição comparativos globais.
- *Valorização crescente de experiências individualizadas de consumo*. As distinções entre bens e serviços estão se tornando muito tênues. Uma empresa de *fast-food* oferece bens, mas precisa de um conjunto imenso de serviços de apoio, desde o marketing até a logística de distribuição. Do mesmo modo, empresas que produzem telefones celulares do tipo *smartphones* também vendem softwares e serviços para acesso às redes sociais. Isso porque os consumidores têm atribuído valor crescente a experiências individualizadas de consumo. Esse é um estágio avançado do processo de customização. Autores como Prahalad e Krishnan (2008) acreditam que a individualização das experiências de consumo realizada

por empresas que se organizam em redes globais é uma das tendências mais importantes no processo de geração de valor. Em lugar de opções de consumo, dizem os autores, os consumidores buscarão de forma crescente soluções para seus desejos de experiências individualizadas.

- *Mobilidade social*. O crescimento dos BRICs está trazendo ao mercado milhões de famílias que, até algumas décadas atrás, estavam à margem do consumo de massa. A mobilidade social é mais intensa no Brasil, mas também é importante na Índia. Na China, as desigualdades têm aumentado, mas ainda assim milhões de pessoas são incorporadas ao mercado consumidor a cada ano. Essa tendência tem diversos impactos do ponto de vista tanto do atendimento das necessidades e anseios dessas pessoas quanto do impacto ambiental desse crescimento de consumo (Prahalad, 2009).
- *Instabilidade financeira*. Os mecanismos financeiros criados ao final da II Guerra Mundial estão ultrapassados e as crises tendem a ser mais frequentes. O desfecho desse processo é uma grande incógnita. Pode resultar em crises sucessivas ou na reforma do sistema financeiro internacional.
- *Agravamento da questão ambiental*. Se o nível do mar subisse cinco metros, boa parte do território de países como a Holanda e o Reino Unido ficaria submersa. Ao mesmo tempo, o risco de desastres ecológicos está redefinindo a engenharia naval, exigindo novas soluções de segurança para navios como os grandes petroleiros. Essa é uma tendência em curso que se deseja reverter.
- *Crescimento dos segmentos intensivos em serviços e em conhecimento*. Os países desenvolvidos estão expulsando as atividades industriais mais tradicionais para os menos desenvolvidos, especialmente a China. Nos EUA, na Alemanha e no Japão, o setor de serviços já representa mais de 70%

do PIB. E os serviços mais dinâmicos são os que possuem maior conteúdo de conhecimento, como medicina e ensino, ou os ligados ao entretenimento e à qualidade de vida, como *showbiz*, turismo, cuidados pessoais. E mesmo os produtos industriais mais sofisticados precisam hoje de uma crescente rede de serviços vinculados a eles, ou seja, assistência técnica, pós-venda, serviços de atendimento ao consumidor.

Todas estas são mudanças em curso, cujos impactos sobre o ambiente de atuação das empresas precisam ser projetados, levando à correção dos cenários que elas traçavam antes de incorporar essas informações e contribuindo para o alinhamento de suas ações estratégicas.

Mais do que isso, o estudo dessas tendências precisa ser complementado com outras mais específicas e que dizem respeito ao ambiente de operação de cada empresa, profissional ou projeto.

Que recursos (*inputs*) e que competências (*know-how*, conhecimento, capacidade de ação e criação) as empresas precisarão ter dentro de alguns anos, quando essas tendências tiverem modificado de forma relevante o ambiente em que elas atuam? Essa é a pergunta que o cenarista e o estudioso de tendências propõem e que cada empresa ou pessoa deverá responder da melhor forma.

Até este ponto, o leitor foi apresentado a uma série de conceitos e movimentos do ambiente empresarial de grande impacto e de grande alcance. Nosso próximo desafio é passar à técnica de construção de cenários, isto é, da compreensão da ferramenta a seu uso efetivo.

Elementos para a construção de cenários

Como vimos, buscar antever o futuro só faz sentido se fizer parte de um processo de busca do melhor posicionamento estratégico com vistas a atingir um objetivo bem definido. Portanto, juntamente com a questão "como será o ambiente de negócios no futuro?", as organizações que se envolvem no planejamento com cenários devem se perguntar "onde queremos estar no futuro?". É improvável que qualquer organização ou profissional queira estar pior no futuro do que no momento atual. Portanto, ao procurar antever o ambiente no qual estaremos inseridos no futuro, também é preciso questionar sobre o que precisaremos ter ou fazer para atingir nossa posição desejada no futuro em diferentes cenários.

A figura 3 mostra de forma esquemática os elementos do planejamento e da ação estratégica com base em cenários. De modo muito geral, o objetivo será sempre melhorar o desempenho de empresas e profissionais, preparando-os para diferentes futuros possíveis. Essa melhor performance é definida em termos de uma posição desejada, isto é, do cumprimento de metas estabelecidas previamente à análise (ver também Turban et al., 2009:196 e segs.).

Figura 3
ELEMENTOS PARA A CONSTRUÇÃO DE CENÁRIOS

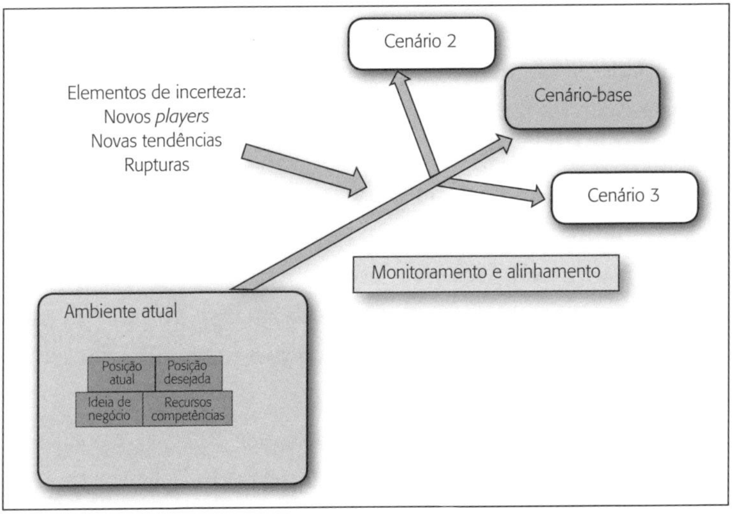

Trata-se de uma abordagem em seis etapas, e cada um de seus elementos será discutido neste e nos capítulos seguintes.

- *Etapa zero*. Definição da questão fundamental, da decisão-chave a ser abordada. Este é o marco zero do processo. Isso porque o planejamento com cenários pode ser aplicado para a empresa como um todo, para uma unidade de negócios ou mesmo para um único projeto. Em outras palavras, deve-se começar pela definição do escopo do planejamento.
- *Etapa 1*. O processo deve ter sequência com a análise do ambiente atual e da inserção da empresa ou do profissional nesse mesmo ambiente. Busca-se uma resposta convincente para a seguinte questão: afinal, qual a posição atual da organização, da unidade de negócio ou do projeto? Trata-se de uma empresa líder de mercado buscando sustentar sua vantagem competitiva? Ou ela é uma nova entrante? Ou ela é uma empresa cujas linhas de produto ou a carteira de clientes estão perigosamente concentradas? Ou seria uma empresa conhecida em sua região de origem, desenvolvendo um projeto específico que envolve a penetração em outras partes do país ou mesmo em outros países? Cada organização, unidade de negócio ou mesmo cada profissional tem muitas faces. Por isso, o fundamental nessa etapa é identificar sua característica mais relevante, isto é, aquela que será foco da ação estratégica que irá utilizar o planejamento com cenários em sintonia com o escopo já definido. Ferramentas clássicas da estratégia empresarial como a Matriz Swot, o modelo de Porter (1980) ou as ferramentas de análise do tipo "oceano azul" de Kim e Malborgne (2005, cap. 2) podem ser extremamente úteis nessa etapa.
- *Etapa 2*. O próximo passo é identificar com clareza a posição desejada em dado horizonte temporal. Aproximar-se

dos líderes de mercado, ingressar com sucesso em novos mercados regionais, profissionalizar a administração após um processo de sucessão em uma empresa familiar são exemplos de posições desejadas em determinado tempo. Um aspecto fundamental nessa etapa, desenvolvido no capítulo 4, é a definição da posição desejada como um conjunto coerente e explícito de metas. Distribuir um produto em todos os estados do Brasil em 2030, elevar a rentabilidade do patrimônio líquido em 10% até 2020, voltar a ter o maior *share* de mercado em cinco anos são bons exemplos e metas claras e que caracterizam a posição desejada de forma inequívoca.

- *Etapa 3*. Nessa fase, busca-se identificar as tendências em curso ou forças motrizes, isto é, os movimentos de maior impacto provável sobre o futuro do ambiente de negócios (ambiente de operação e/ou macroambiente) e que já estejam se insinuando no presente. A velocidade com que essas forças alteram o ambiente da organização é outro elemento de interesse. Assim, por exemplo, desenvolver uma nova tecnologia pode exigir grandes esforços. Mas, se as mudanças tecnológicas estiverem se acelerando, talvez não haja tempo sequer para amortizar os investimentos realizados. As possibilidades mais ameaçadoras de ruptura, incluindo a explicitação de novas tendências, devem ser avaliadas nessa etapa. Com isso, um primeiro esboço dos cenários deve ser traçado aqui para desenvolvimento posterior.
- *Etapa 4*. Depois disso, é fundamental mapear a chamada "ideia de negócio". Esse é um elemento que também será aprofundado no capítulo 4. Por enquanto, basta dizer que ideia de negócio é aquilo que torna (ou tornará) a empresa difícil de imitar, sustentando ou criando vantagens competitivas. Esse é um conceito que se contrapõe ao de

"modelo de negócio". Por definição, um modelo é algo que se pode imitar. Podemos falar em modelo de vendas pela internet, por exemplo, ou ainda de modelo de governança corporativa, modelo de compras e assim por diante. Mas a ideia de negócio é aquilo que distingue a empresa, ou irá distingui-la no futuro, de seus competidores. Sem uma ideia de negócio bem definida, dificilmente uma empresa se sobressai diante de seus competidores e, em muitos casos, não consegue sobreviver no longo prazo (Collins, 2001). Para sustentar a vantagem competitiva da empresa e a geração de valor, o ideia de negócio deve ser relevante nos cenários traçados ou, pelo menos, no cenário considerado mais provável.

- *Etapa 5*. Por fim, é fundamental identificar os recursos e as competências de que a empresa dispõe no presente e aqueles que se mostram mais relevantes para atingir a posição desejada em diferentes cenários. Esse é outro conceito que discutiremos no capítulo 4. Por enquanto, podemos definir recursos como qualquer *input* ou insumo, tangível ou intangível, que seja vital para a empresa no presente ou no cenário futuro. Capital financeiro, marcas próprias ou utilizadas sob licença, equipes especializadas, acesso a canais de distribuição são exemplos de recursos. É importante observar que a empresa não precisa necessariamente ser proprietária de recursos estratégicos. A grande questão é o acesso a eles. Nesse sentido, o maior exemplo é o capital financeiro. Grandes empresas bem administradas costumam ter amplo acesso a crédito e, assim, acessam o capital de terceiros para fazer "girar" seu negócio. Patentes usadas sob licença são outro bom exemplo. Por sua vez, competências se referem ao *know-how* da organização, àquilo que ela consegue fazer com distinção. Competências são, portanto, um elemento bem menos tangível do que os recursos, pois as habilidades de uma organização estão, em geral, contidas em seus processos, valores e mecanismos de ação (Henry, 2007, cap. 5).

Compreendendo as forças motrizes em ação no ambiente empresarial, as equipes de planejamento com cenários dedicam-se, então, a projetar como poderá ser esse mesmo ambiente em dado horizonte temporal, revisando, detalhando e desenvolvendo os cenários esboçados na etapa 4. O cenário mais provável ou cenário-base deverá guiar as ações da empresa no caminho até lá. E a correta identificação dos recursos estratégicos e das competências necessários servirá de fundamento para a busca da eliminação de *gaps* ou hiatos, isto é, inadequações em termos dos recursos que a empresa consegue acessar ou das competências que a empresa reúne: capacidade de realizar determinadas ações ou processos.

A análise dos *gaps* de competência ou de acesso a recursos é de grande relevância. Eles representam obstáculos para que a empresa saia da posição atual e chegue à posição desejada. Por exemplo: supondo que a organização atue em um mercado no qual há tendência de que todas as empresas se tornem de capital aberto, com ampla participação de sócios estrangeiros e um padrão de gestão altamente profissionalizado, mas que ela ainda seja uma empresa familiar, quais as competências que esta empresa precisará adquirir para atingir certa posição de mercado no futuro? O que ela precisará aprender a fazer, tornando-se capaz, habilitada, competente para que, no futuro, seja uma organização profissionalizada e de capital aberto? Empresas familiares, como regra, não sabem se relacionar com investidores, mas essa será uma competência essencial no cenário-base. A figura 4 sintetiza as etapas do planejamento com cenários.

Figura 4
SEQUÊNCIA TEMPORAL DO PLANEJAMENTO COM CENÁRIOS

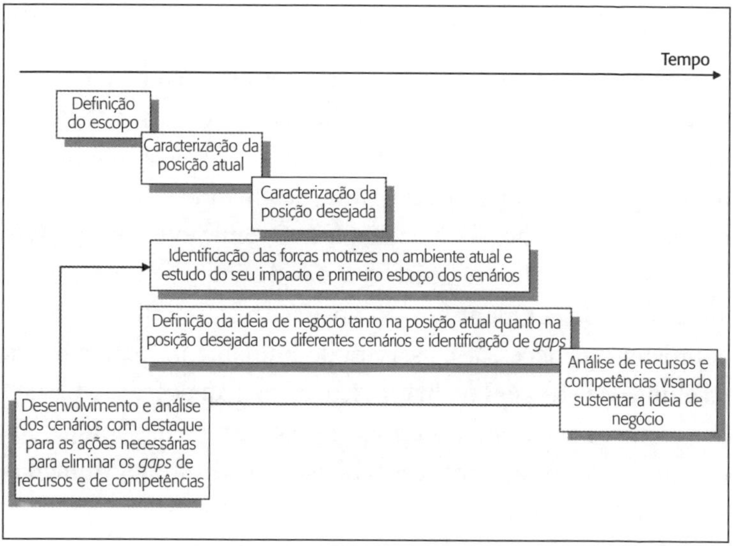

Montado o exercício de cenarização, espera-se que a empresa, ou o profissional, adote as ações necessárias para atingir a posição desejada no horizonte temporal definido. Mas, à medida que o tempo passa, dado que não existem "bolas de cristal", é essencial o monitoramento da evolução do ambiente, dos *gaps* e do avanço em direção às metas. Por vezes, as empresas descobrem que, devido a elementos novos, surgidos no ambiente ao longo da trajetória, os cenários alternativos começam a se tornar mais prováveis e, algumas vezes, outros cenários começam a se tornar relevantes.

A figura 5 mostra de forma esquemática esse tipo de dinâmica ambiental. É possível notar que o planejamento com cenários supõe contínuo monitoramento do ambiente empresarial e o alinhamento estratégico que promove as mudanças de curso e de linhas de ação adequadas com relação a essa evolução.

Figura 5
Monitoramento, ruptura e alinhamento estratégico

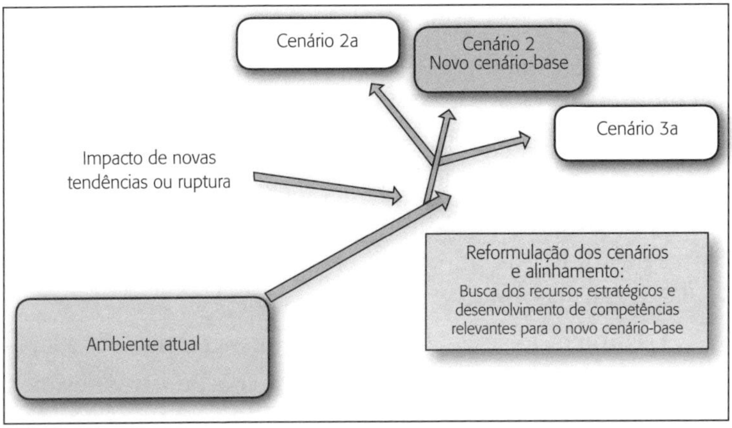

Como veremos nos capítulos 3 e 4, esse processo de monitoramento e alinhamento é típico dos exercícios de cenarização macroeconômica. Assim, por exemplo, buscar acesso a recursos na forma de importações pode ser uma estratégia inteligente quando a taxa de câmbio está em baixa. Mas, se uma crise internacional gerar uma alta cambial repentina, será preciso adotar ações corretivas. Do mesmo modo, lançar uma nova linha de produtos pode ser mais adequado em momentos de forte expansão do mercado, quando o PIB estiver crescendo de forma mais acelerada. Elementos macroeconômicos são o maior exemplo de forças ambientais de amplo impacto, as quais tendem a afetar quase todas as empresas e profissionais a um só tempo.

Por fim, vale lembrar que o monitoramento estratégico só se torna consistente quando definimos marcos e metas intermediários para o percurso entre a posição atual e a posição desejada. Por exemplo: uma empresa estabeleceu a meta de passar a distribuir seus produtos em todos os estados brasileiros em um horizonte de 10 anos. Para isso, terá de acessar recursos estratégicos relacionados à logística de distribuição, entre outros. Para atingir essa posição no horizonte estipulado, avalia-se que, em dois anos, ela já deve estar presente em pelo menos um quarto dos estados. Em cinco anos, seu produto deverá estar disponível em metade dos estados e assim por diante.

Sem metas e marcos temporais intermediários, o avanço em direção à posição desejada não poderá ser avaliado corretamente e os *gaps* de competência ou de acesso a recursos, frutos de mudanças ambientais ou de problemas internos, não poderão ser identificados e corrigidos em tempo.

Das cinco etapas citadas, uma das mais complexas é a identificação das forças motrizes, isto é, a etapa 3. Por sua relevância para a consistência dos exercícios de construção de cenários e sua relação com as megatendências, a serem discutidas no próximo capítulo, essa etapa merece atenção especial.

A técnica ortogonal

Um método empregado para a redução das incertezas e para poder compreender melhor o vetor resultante das forças motrizes em ação num dado ambiente empresarial é reduzir as tendências a duas de caráter oposto e independente e que, portanto, podem ser representadas em eixos cartesianos. Essa é a chamada técnica ortogonal. A figura 6 apresenta um exemplo de como tendências com impactos em princípio incertos e de caráter oposto podem ser organizadas em eixos cartesianos com o objetivo de identificar quatro cenários básicos.

Nosso exemplo procura identificar os cenários mais prováveis para o padrão de consumo em 2030. As duas forças motrizes escolhidas como tendências de maior impacto dizem respeito a características dos valores individuais e da sociedade naquele horizonte temporal (Wilkinson, 2010).

Figura 6
Cenários de consumo 2030

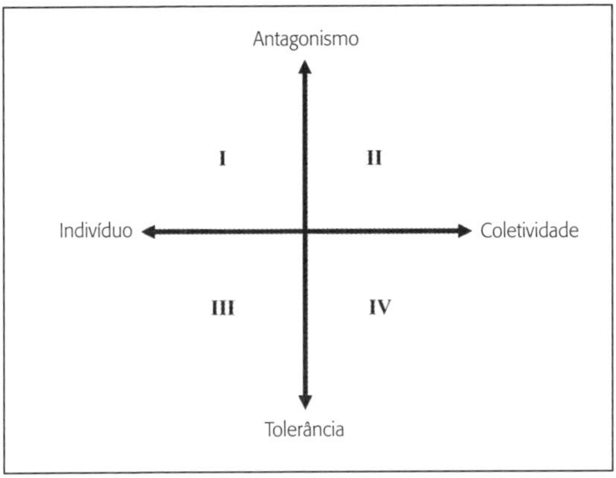

Fonte: Adaptado a partir de Wilkinson (2010).

Para caracterizar o indivíduo, isto é, o consumidor, foram formuladas as seguintes questões exploratórias: em 2030, teremos pessoas que se comportam segundo valores individualistas, preocupadas acima de tudo com a satisfação de seus próprios desejos e expectativas de consumo? Ou teremos consumidores que se pautam por valores mais coletivos, preocupando-se com o impacto de suas escolhas sobre a comunidade em que vivem e, no limite, sobre todo o planeta?

Para caracterizar a sociedade, as hipóteses formuladas foram: em 2030, teremos um mundo marcado pela intolerância, pela fragmentação e pelo antagonismo crescente entre empresas, entre grupos (povos, países, culturas) e entre posições políticas e religiosas? Segundo essa hipótese, teríamos um mundo sob tensão, um meio social dividido e conflitivo. Ou teremos uma sociedade mais estável, mais tolerante, na qual a convivência entre posturas, grupos e culturas diferentes se dará de forma mais harmônica, abrindo espaço para maiores níveis de cooperação entre grupos, empresas e países?

Essas forças são ortogonais, isto é, não se condicionam mutuamente. Essa é uma condição muito importante e delicada para o emprego dessa técnica. Sem identificar forças que não se condicionam de forma recíproca, não é possível adotar a técnica ortogonal. Assim, uma sociedade mais estável e harmônica não impede que os consumidores sejam mais individualistas ou, alternativamente, pautem seu comportamento por uma visão mais ligada à sua própria comunidade. Ao mesmo tempo, consumidores individualistas podem estar presentes tanto em sociedades mais fragmentadas, isto é, nas quais há grupos em conflito latente, quanto em sociedades mais harmônicas e estáveis.

O cenário I pode ser chamado de Um Mundo Fragmentado. Como os padrões de comportamento são marcados pelo individualismo, pela busca de experiências pessoais de consumo em um mundo sob tensão, as empresas se deparam com consumidores muito preocupados com o curto prazo. Há menos espaço para políticas de responsabilidade social e socioambiental. Bens e serviços têm de ser crescentemente customizados e novas versões e modelos se sucedem rapidamente. Há uma preocupação crescente com a segurança em todos os níveis, pois os antagonismos estariam presentes tanto entre países como dentro de cada país.

O cenário II pode ser chamado de Um Mundo Multipolar. As pessoas se reconhecem como participantes de comunidades (países, grupos étnicos, religiões, redes sociais na internet) e estão mais dispostas a compartilhar valores e experiências. Mas, no conjunto, persiste a tensão e o antagonismo. É um mundo no qual marcas regionais têm mais chances de fazer parte das estratégias das empresas. Há mais espaço para valores ligados à questão ambiental, desde que as iniciativas sejam locais e específicas.

O cenário III pode ser chamado de Mundo das Experiências de Consumo. Indivíduos de diferentes regiões, etnias e culturas se reconhecem como pertencendo a comunidades de consumidores. O consumo se coloca acima de outros traços sociais, como etnias ou origens geográficas. Mas esse é um elo fraco, circunstancial e momentâneo. Bem diferente das "tribos" de proprietários de Harley-Davidsons que existem hoje, por exemplo. Esse tipo de indivíduo que adota o lema "consumir é experimentar" já foi chamado de *transumer*,[3] isto é, um consumidor em busca de experiências de consumo de todos os tipos, em diferentes lugares do mundo, únicas e variadas. Esse seria um cenário mais favorável para padrões de consumo baseados no lazer, na diferenciação ampla de bens e serviços e no uso intensivo da tecnologia da informação. As comunidades na internet seriam criadas e se dissolveriam rapidamente.

O cenário IV poderia ser chamado de Utopia Global. Valores comunitários estariam em sintonia com uma sociedade tolerante com culturas e valores diversos. A visão de mundo dos consumidores seria sempre influenciada por um ponto de vista local e, por vezes, até provinciano. Falar inglês com correção, mas também com um claro sotaque nacional, por exemplo, poderia ser considerada uma prática comum e mesmo politicamente correta. Esse seria um ambiente extremamente favorável a empresas com atuação global, mas com estratégias diferenciadas em cada mercado específico. A produção poderia ser feita em qualquer parte do mundo, mas as políticas de vendas (incluindo elementos de marketing como o *branding* com marcas regionais) teriam de ser desenvolvidas localmente, respeitando valores comunitários variados.

[3] Termo difundido pelas análises de tendências da consultoria inglesa Trendwatching. O conceito foi criado em 2003 e vem sendo muito discutido desde então. O *transumer*, ou consumidor de experiências transitórias, valoriza a tal ponto cada uma de suas oportunidades de consumo que prefere alugar bens a comprá-los. Já existem lojas especializadas até em alugar bolsas de grifes famosas para uso por não mais do que uma semana. Ver: <www.trendwatching.com>.

Como todo esse exercício é apenas ilustrativo, não temos a preocupação de apontar qual seria o cenário mais provável em 2030. Mas, ao menos, quando tratada pela técnica ortogonal, a incerteza se torna menor e os futuros possíveis passam a ser vistos com contornos mais claros. Fica a cargo de você, leitor, opinar. Afinal, para que cenário de consumo estamos caminhando?

Um caso do interior do país

A melhor forma de caminharmos para o encerramento deste capítulo é reunir todo o conteúdo das seções anteriores em um caso prático e ilustrativo. Ao mesmo tempo, nossa discussão preliminar sobre cenários e tendências ficaria incompleta se não desenvolvêssemos melhor a possibilidade de ruptura. Afinal, sempre utilizamos o termo "futuros possíveis" no plural. Isto é, pode haver mais de um cenário impactante com certa probabilidade de ocorrência. E, muitas vezes, um desses cenários envolve o risco de perdas ou de fracasso.

Em poucas palavras, o uso de cenários não elimina a possibilidade de perdas nem o risco de cometer erros. Vamos a um exemplo prático, baseado em fatos reais. Esse exemplo sintetiza a relação entre cenários, tendências, busca de antevisão estratégica visando a ganhos e possibilidade de rupturas, ou seja, cenários ameaçadores. Da mesma forma, o caso deixa clara a abordagem baseada na busca de acesso a recursos e de eliminação de *gaps* de competência.

Há cerca de 10 anos, em uma cidade do interior do Paraná, um executivo já em fim de carreira buscava oportunidades de negócio para suas filhas. Na época, estava em discussão a reforma do plano diretor da cidade e uma das propostas envolvia a destinação de áreas até então consideradas rurais, na periferia, para a implantação de condomínios horizontais de luxo.

Observando o que ocorria na época em cidades de mesmo porte no interior de São Paulo, esse executivo notou que os condomínios horizontais eram um enorme sucesso, atraindo famílias de classe média-alta que estavam abandonando os bairros mais centrais em busca de qualidade de vida e segurança.

Mas esse executivo também notou que havia um grande erro no projeto de zoneamento de sua cidade. Não havia área próxima aos futuros condomínios destinada a escolas. O executivo discutiu o problema com os vereadores e conseguiu que o projeto fosse aprimorado, corrigindo a falha. Por outro lado, sua família possuía uma propriedade na antiga e decadente zona rural. Ele então fez ofertas aparentemente generosas e adquiriu alguns outros "sítios" ao redor, fundindo-os ao terreno da família. Por fim, suas filhas, formadas em educação e pedagogia, passaram mais de um ano fazendo estágios em escolas nos EUA e visitando outras tantas em grandes centros brasileiros como São Paulo, Rio de Janeiro e Porto Alegre.

Depois de um longo trâmite, quando o novo plano diretor foi aprovado, diversas incorporadoras se interessaram na instalação de condomínios horizontais na cidade. Nosso executivo, já aposentado, dono de uma área razoável na antiga zona rural, permutou seu terreno, adquirindo não só a área destinada à instalação de escolas como também obtendo da incorporadora a construção dos prédios como parte do pagamento. Suas filhas abriram uma escola bilíngue, localizada a poucos minutos de alguns dos condomínios mais luxuosos criados no município.

A escola se tornou uma grife local, com proposta de expansão para outros municípios do interior do Paraná e para Curitiba. Em poucos anos, iniciou a oferta de turmas para o ensino médio. Se a escola tivesse 50% mais vagas, todas teriam sido preenchidas.

Mas, afinal, o que esse executivo fez desde o início da história?

Identificou algumas tendências relevantes para dado ambiente de operação: a expansão dos condomínios horizontais, a migração de famílias mais ricas para esses condomínios, a demanda crescente por ensino privado bilíngue, a diminuição do número de filhos por família, fato que permite que se gaste mais na educação de cada filho etc.

Tendo reunido essas tendências, traçou um cenário no qual valeria a pena investir na aquisição de alguns recursos estratégicos como os ativos imobiliários na antiga zona rural. Já as filhas se dedicaram a adquirir as competências necessárias para gerir uma escola bilíngue, fechando seus *gaps* pessoais. Note que o risco na aquisição da qualificação por parte das filhas era mais baixo, pois se tratava de um recurso que poderia ser usado naquele ou em outros projetos de crescimento profissional. Mas a aquisição de terrenos na zona rural era mais crítica. Afinal, em um cenário desfavorável no qual, por qualquer razão, os condomínios de luxo fossem um fracasso, a posterior venda dos terrenos poderia resultar em prejuízo. E isso foi avaliado quando do planejamento da escola.

O projeto foi um grande sucesso e uma grande fonte de lucros. Mas nosso executivo e suas filhas empresárias cometeram um erro de avaliação. O mercado foi subestimado. A área destinada aos condomínios foi ocupada muito mais rápido do que se imaginava a princípio e, por isso, a escola acabou ficando pequena para a demanda que se revelou. Além disso, a entrada de concorrentes não ocorreu como esperado, dando à escola uma posição confortável no mercado. Dos males, o menor.

Em resumo...

Neste capítulo, apresentamos conceitos como cenários e tendências, o contraponto entre previsões e exercícios de cenarização, as cinco etapas para o planejamento com cenários e as linhas gerais da técnica ortogonal. Também apresentamos algumas das megatendências em curso e convidamos você, leitor, a imaginar como elas estão moldando o ambiente no qual você e sua empresa atuam.

No capítulo seguinte, vamos explorar a análise de tendências, destacando alguns obstáculos cruciais para sua identificação. Também vamos tratar de questões como a influência das *path dependencies*.

Desafio

Imagine-se prestando consultoria para um empresário interessado em abrir um restaurante de comida italiana em uma grande cidade brasileira. Que tendências você destacaria para que ele pudesse desenvolver uma autêntica ideia de negócio?

2 Tendências: as forças motrizes do ambiente empresarial

A natureza não dá saltos.

Aristóteles (*História animal*, 588b)

O planejamento com cenários envolve muitos desafios. O maior deles está na origem, isto é, na adoção efetiva dessa ferramenta. Na maioria dos casos, isso exige mudar modelos mentais muito arraigados. O "pensar fora da caixa" é algo que incomoda e exige que rotinas de trabalho sejam suspensas para que as pessoas possam levantar os olhos e olhar adiante de forma criativa.

Assim, este capítulo trata de diversos aspectos práticos do trabalho dos cenaristas e aponta as abordagens consideradas mais adequadas para que essa atividade resulte em um melhor desempenho das organizações.

> Ao longo deste capítulo, leitor, procure dar especial atenção aos seguintes elementos de análise: etapas do planejamento com cenários, forças motrizes genéricas, determinantes do fenômeno de *path dependence*, conceito de paradigma e sua relevância para a construção de cenários, tendências recentes de comportamento do consumidor.

O desafio do planejamento com cenários

É importante que se diga com clareza: a construção de cenários e o planejamento feito com a ajuda dessa ferramenta servem para incomodar os tomadores de decisão. Cenários que apenas confirmem que tudo já está sendo feito da melhor forma possível são agradáveis de expor e de analisar. Mas, como regra, são apenas uma maneira de deixar chefes inflexíveis contentes, traduzindo de forma elegante o que eles creditam a seu *feeling* de negócio.

Bons exercícios de cenarização começam a ser construídos a partir de perguntas do tipo:

- O que pode dar errado?
- E se estivermos todos enganados quanto ao futuro do ambiente empresarial?
- O que pode surgir de novo?
- E se alguém começar a fazer algo diferente?

Essas são as questões que levam os tomadores de decisão das empresas a elaborar cenários alternativos, cenários de ruptura, paralelos aos cenários-base e que servem para mensurar de forma mais clara os riscos das decisões tomadas. Exercícios assim explicitam verdades incômodas. A maior delas é que acertos passados não garantem sucesso futuro. Outra dessas verdades é que as rotinas de trabalho, que em geral nos absorvem e estressam, têm de ser suspensas para que o planejamento com cenários seja feito de forma realmente criativa, participativa e multidisciplinar.

Em um ambiente rapidamente mutável, quanto mais confiantes estivermos na linha de ação estratégica presente em razão dos bons resultados do passado, mais insensíveis podemos estar às mudanças em curso e, por isso, mais fragilizadas podem estar as organizações para o tipo de jogo de negócios que estará sendo jogado no futuro.

Infelizmente, como regra, a elaboração de cenários costuma ser interessante para as pessoas diretamente envolvidas, as quais saem de cada exercício com a sensação de que compreendem um pouco melhor o que se passa. Os problemas começam quando a técnica tem que ser transmitida para as demais equipes da empresa. Palestras e *workshops* são realizados, os cenários são divulgados nas intranets e, às vezes, uma publicação é distribuída. Mas, como regra, as outras pessoas não chegam a ficar empolgadas. Ouvem tudo aquilo com uma mistura de tédio e preocupação com as tarefas que ficaram paradas em suas mesas de trabalho. Alguns cenários parecem razoáveis, dizem essas pessoas, mas acrescentam pouco ao que elas já sabem. Outros parecem obra de ficção. Os cenários, dizem essas pessoas, não parecem ter relação relevante com o que elas fazem no dia a dia. Depois de algumas semanas, se nada for feito, o exercício é esquecido. O modelo mental absorvido pela rotina, o chamado pensamento *business-as-usual*, não foi alterado (Heijden, 2009).

Chegamos, então, a uma encruzilhada. Bons cenários devem ser algo que incomoda. Mas a rotina dificulta a comunicação e a difusão do modo de pensar do planejamento com cenários, pois este representa uma verdadeira afronta àquilo que Prahalad e Krishnan (2008) chamam de lógica dominante, a forma usual de funcionamento das organizações. O que fazer?

Há dois elementos essenciais para que o processo de planejamento com cenários comece com sucesso: conhecer bem as principais forças que pressionam o ambiente no qual a empresa está inserida no presente e explicitar como essas forças estão movendo esse mesmo ambiente em direção a determinada configuração no futuro. Em outras palavras, é preciso realizar um estudo atento das tendências em curso e seu impacto possível sobre o futuro do ambiente empresarial. Esse é, precisamente, o propósito das próximas seções.

Forças motrizes

Nesta seção, veremos de forma mais detalhada como se dá o monitoramento das grandes forças de transformação do ambiente empresarial. Esse é um tema de grande relevância no estudo de cenários e tendências. Isso porque os planejadores devem identificar qual o resultado mais provável das forças que estão mudando seu ambiente de atuação desde agora e ao longo de seu horizonte de projeção. No entanto, se não houver foco nos movimentos realmente impactantes sobre os negócios da empresa, o exercício de identificação de tendências poderá ser bem pouco relevante.

O capítulo anterior mostrou que a atividade de planejamento com cenários se relaciona com a visão de futuro e com decisões que uma organização precisa tomar para caminhar no sentido de sua posição competitiva desejada. Mas, por estar adiante no tempo, essa posição desejada deverá ser atingida em um ambiente que poderá ser muito diferente do atual.

Em outras palavras, podemos afirmar que não faz sentido uma organização que deseja crescer no mercado como fabricante de jatos comerciais e executivos identificar e analisar forças motrizes relacionadas com *commodities* agrícolas se essas tendências não se relacionam com os atuais objetivos da organização, isto é, não são impactantes para seu negócio. Assim, é importante identificar o foco da organização definido a partir dos quatro elementos discutidos no capítulo anterior: sua posição competitiva atual, sua posição desejada no futuro, sua ideia de negócio e os recursos e competência de que ela dispõe hoje e irá precisar no futuro.

As tendências relevantes serão aquelas de maior impacto sobre o ambiente empresarial ao longo da trajetória e que poderão favorecer ou dificultar o alcance da posição desejada.

O cenário-base a ser construído será aquele que deverá resultar, com maior probabilidade, da ação das forças em curso. Já os cenários alternativos a serem desenvolvidos poderão resultar de diferentes combinações dessas mesmas forças, do surgimento de novas tendências ao longo da trajetória ou mesmo da entrada em cena de novos *players* relevantes.

Mas, muitas vezes, o planejamento com cenários envolve projetos específicos dentro de uma organização. Nesse caso, o que está em jogo não são os resultados da empresa como um todo e, talvez, nem mesmo todas as suas divisões ou departamentos. Por exemplo: uma montadora de caminhões pode estar considerando trazer para o país sua linha de veículos leves. E esse pode ser um desafio muito diferente do que ela já enfrenta em suas linhas de veículos pesados e semipesados, já em operação. Ou, quem sabe, uma universidade tradicional no ensino de economia e administração esteja pensando em oferecer programas de MBA pela primeira vez.

Em ambos os casos, não se pode simplesmente estender a análise de cenários e tendências já feita para os mercados tradicionais. Uma ideia de negócio excelente na linha de caminhões pesados pode ser totalmente equivocada no segmento de leves. Da mesma forma, os recursos estratégicos e as competências que fazem funcionar bem os cursos de graduação não são os mesmos para o mercado de MBAs.

Assim, um elemento indispensável antes de começar o exercício de cenarização e identificação de tendências é definir com clareza o próprio escopo (foco, abrangência) do planejamento com cenários, isto é, o objeto ao qual ele será aplicado e sua decisão-chave: um projeto, uma unidade de negócio ou, no limite, toda a organização. Sem a definição desse foco, todo o processo poderá ser bem pouco útil do ponto de vista dos resultados futuros da empresa. A decisão-chave é que servirá de base para a identificação das forças motrizes e para a seleção e o desenvolvimento dos cenários. A figura 7 mostra que a identificação do escopo ou a decisão-chave são o primeiro passo para o desenvolvimento de cenários.

Figura 7

ETAPAS PARA ELABORAÇÃO DE CENÁRIOS

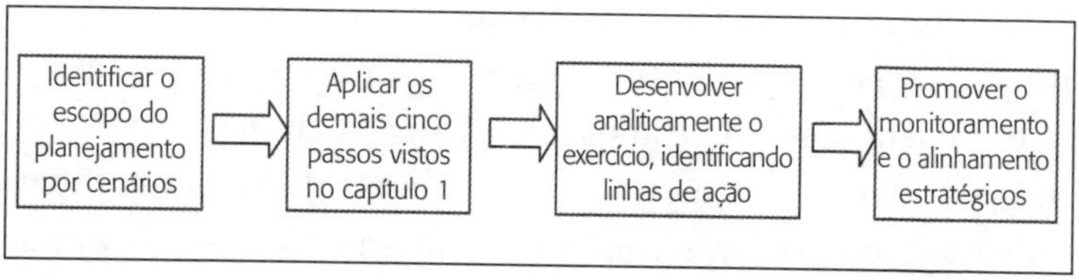

Embora o escopo e a decisão-chave sejam elementos importantes para a identificação de forças motrizes e a seleção dos cenários, a atual complexidade do mundo dos negócios reforça a certeza de que os executivos precisam estar atentos não apenas a seus setores de atividade, mas também olhar para além deles. Por exemplo, um empresário do setor de educação deve observar as possíveis consequências que o crescimento do número de usuários da internet, o avanço tecnológico em videogames e o aumento da mobilidade pela criação de uma infraestrutura de rede sem fios podem ter sobre o desenvolvimento do ensino à distância. Nos termos do capítulo 1, é preciso estar atento às tendências tanto do ambiente de operação, no qual as decisões da própria organização podem ter impacto relevante, quanto do macroambiente, de onde se originam fatos impactantes, mas sobre o qual a organização não tem grande influência.

Em outras palavras, o monitoramento estratégico realizado após o exercício inicial de cenarização visa, entre outras coisas, alertar os gestores das empresas e os profissionais de todo tipo a respeito do surgimento de novas tendências, muitas das quais podem não ter sido corretamente dimensionadas nos exercícios de cenarização iniciais. Algumas forças motrizes de caráter genérico estão relacionadas no quadro 1. Seu caráter é muito semelhante ao das megatendências, discutidas no capítulo anterior.

Quadro 1
FORÇAS MOTRIZES GENÉRICAS

Forças	Aspectos a considerar
Fatores econômicos	❑ Variáveis macroeconômicas ❑ Movimentos econômicos genéricos ❑ Nível e padrões de concorrência ❑ Condições da infraestrutura ❑ Acordos comerciais com países vizinhos
Fatores políticos	❑ Resultados eleitorais ❑ Atos legislativos ❑ Regulações ❑ Litígios e conflitos
Dinâmica social	❑ Mobilidade social ❑ Valores sociais e culturais ❑ Estilo de vida ❑ Novas expectativas ou necessidades
Fatores tecnológicos	❑ Impacto de novas tecnologias ❑ Impacto de redes sociais ❑ Adoção de tecnologias sustentáveis

Fonte: Adaptado de Wilkinson (2010).

O caso da Britannica, detalhado na seção final deste capítulo, é um bom exemplo do impacto dessas mudanças sobre os resultados de uma empresa e sua forma de fazer negócios. Até determinado momento entre as décadas de 1980 e 1990, o avanço da tecnologia da informação não era visto como uma força motriz, isto é, como uma tendência impactante para o mercado de enciclopédias, e a Microsoft, como consequência, não era reconhecida como um *player* relevante nesse mercado. Como veremos, tudo mudou com o surgimento da Encarta.

No entanto, qualquer que seja o mercado e qualquer que seja a empresa que esteja levando adiante o planejamento com cenários, existe um conjunto de forças motrizes que sempre merece atenção. Como regra, elas exercem pressões relevantes sobre o ambiente empresarial e, portanto, podem alterar o ambiente de negócios no futuro. Por isso, precisam ser continuamente monitoradas. Tipicamente, essas forças se distribuem em quatro categorias genéricas, mostradas no quadro 1.

Os fatores econômicos serão explorados em detalhes no capítulo seguinte, dada a importância crescente de incorporar cenários macroeconômicos ao processo de planejamento das empresas. Esses fatores incluem, por exemplo, o peso de eventuais alterações no custo do capital e do financiamento sobre os negócios e o impacto de uma valorização cambial sobre a concorrência de produtos importados em diferentes mercados.

O âmbito político-eleitoral contempla aspectos como o tipo de programa de governo que um novo presidente poderá implementar.

A dinâmica social contempla um conjunto de variações sociais e demográficas, como a influência da terceira idade sobre os sistemas de saúde dentro de 10 ou 20 anos e a influência do aumento de poder aquisitivo da população sobre o consumo de bens de consumo duráveis.

A tecnologia, cada vez mais dinâmica, provoca alterações profundas nas empresas, nos mercados e nas culturas. Assim, por exemplo, uma empresa de entrega de correspondência e documentos deve estar atenta aos novos avanços na transferência eletrônica de documentos por meio de computadores, *smartphones* e videogames. E os mesmos avanços têm impacto também no setor bancário, entre outros. Mas, como veremos, nem a natureza nem o ambiente de negócios costumam dar saltos. Por isso, é possível realizar um estudo atento de tendências ao buscar certos padrões e certas inércias que reduzem a aparente incerteza desses processos de mudança.

Path dependence: dependência da trajetória ou trajetórias condicionadas

Algumas forças motrizes podem ser identificadas a partir de situações conhecidas como trajetórias condicionadas (*path dependencies*). Como vimos no capítulo anterior, não é fácil traduzir esse conceito. A melhor tradução talvez fosse: o rumo e o ritmo das mudanças já ocorridas influenciam e condicionam o rumo e o ritmo das mudanças em curso.

De modo geral o termo "dependência da trajetória" (*path dependence*) tem sido utilizado para descrever a poderosa influência do passado sobre o futuro (Sydow, Schreyögg e Koch, 2009), um processo dinâmico de grande interesse para o estudo de tendências. Quando esse fenômeno está presente, as escolhas passadas condicionam as escolhas posteriores gerando certo grau de inércia que contribui para projetar futuros possíveis, isto é, cenários.

Vimos um dos exemplos mais marcantes e persistentes de *path dependence*, o teclado QWERTY. Mas o ambiente empresarial está cheio de trajetórias condicionadas. Alguns casos estão muito relacionados aos processos de escolha do consumidor, isto é, a aspectos comportamentais e psicológicos. Por exemplo: por causa da ampla difusão do sistema operacional Windows da Microsoft, a imensa maioria dos programas de computador tem o ícone "salvar" no canto superior esquerdo da tela dos softwares. Essa pode ter sido uma escolha casual anos atrás. Mas a difusão do padrão Windows acabou condicionando as escolhas futuras da própria Microsoft e de outros fabricantes de programas de computador.

Do mesmo modo, no Brasil, quase todas as marcas de amido de milho presentes nas gôndolas de supermercado têm embalagens de cor amarelo escuro. Isso devido ao padrão imposto pela marca mais tradicional, que condicionou os consumidores a buscar visualmente nas gôndolas embalagens com esse padrão de cor. Novamente, uma escolha que pode ter sido casual na origem, mas que condicionou as escolhas posteriores. O quadro 2 enumera alguns exemplos de fontes e elementos associados às trajetórias dependentes.

Quadro 2

FONTES E ELEMENTOS ASSOCIADOS À DEPENDÊNCIA DA TRAJETÓRIA

Fontes	Elementos associados à dependência da trajetória
Limitações formais	❑ Leis e intervenções governamentais ❑ Normas organizacionais
Limitações informais	❑ Valores ❑ Tradições ❑ Modelos mentais
Recursos	❑ Competências ❑ Capacidade tecnológica ❑ Disponibilidade de recursos
Processos de autorreforço	❑ Intervenções políticas (p. ex.: subsídios e reservas de mercado) ❑ Acordos entre países ❑ Acordos entre empresas ❑ Sustentação social ❑ Retornos crescentes

Fonte: Adaptado de Wilkinson (2010).

Um elemento de grande importância para gerar trajetórias dependentes são os processos de autorreforço, que, como o próprio nome diz, reforçam a manutenção de uma trajetória. Um exemplo de mecanismo de autorreforço foi o acordo da Matsushita com grandes estúdios de Hollywood para o fornecimento de conteúdo para o padrão VHS como passo decisivo para a derrota de um padrão tecnológico superior: o Betamax da Sony (Sydow, Schreyögg e Koch, 2009).

Em determinados casos, os processos de autorreforço estão associados aos chamados retornos crescentes. Estes são um fenômeno dinâmico no qual os benefícios auferidos pelo uso de determinado bem, serviço ou padrão tecnológico aumentam em velocidade crescente à medida que seu uso se difunde no tempo, conquistando um número maior de usuários. Por exemplo: quanto mais automóveis com motores de combustão interna forem fabricados e comprados, maiores as possibilidades de aperfeiçoamento e descobertas, inclusive por causa dos defeitos reportados pelos usuários. Do mesmo modo, quanto maior o uso que fazemos de determinado software para planilhas eletrônicas, por exemplo, melhor nossa eficiência, pois descobrimos novas maneiras de agilizar nosso trabalho. E quanto mais pessoas estiverem usando o mesmo programa, mais dessas novas maneiras irão surgir.

Em razão desses retornos crescentes, uma tecnologia ou um padrão específico podem conquistar uma vantagem sobre seus competidores pelo simples fato de terem chegado primeiro ao mercado mesmo que, tempos depois, mostrem-se menos eficientes que as tecnologias concorrentes. Isso ocorre porque uma tecnologia gera resultados melhores à medida que se difunde e se torna predominante. Compreender o significado dos mecanismos de autorreforço é fundamental para identificar tendências relacionadas a situações de trajetórias condicionadas.

E, aqui, surge um alerta importante. É sempre verdade que os consumidores procuram produtos melhores e mais baratos. Mas também é verdade que mudar padrões e hábitos muito enraizados impõe os chamados custos de mudança. A expressão utilizada para situações desse tipo é *lock in* ou aprisionamento. Esse fenômeno surge quando, para desfrutar o melhor de um novo padrão, um novo produto ou mesmo um novo serviço, é preciso encarar um período de transição no qual o consumidor (ou mesmo uma empresa que esteja cogitando contratar um novo fornecedor) não se sentirá à vontade ou não estará satisfeito e tenderá a querer voltar ao padrão antigo.

No caso citado no capítulo anterior, qualquer um de nós pode até ser convencido de que existem teclados mais eficientes do que o QWERTY. Mas o tempo e o custo de adaptação influenciam nossa escolha. Uma alternativa conhecida é o teclado Dvorak (ver figura 8), patenteado por August Dvorak em 1936. Esse teclado mostrou-se 20% mais ágil quando era usado por pessoas que eram treinadas nele, mas que jamais haviam experimentado o QWERTY.

Figura 8
REPRESENTAÇÃO DO TECLADO DVORAK

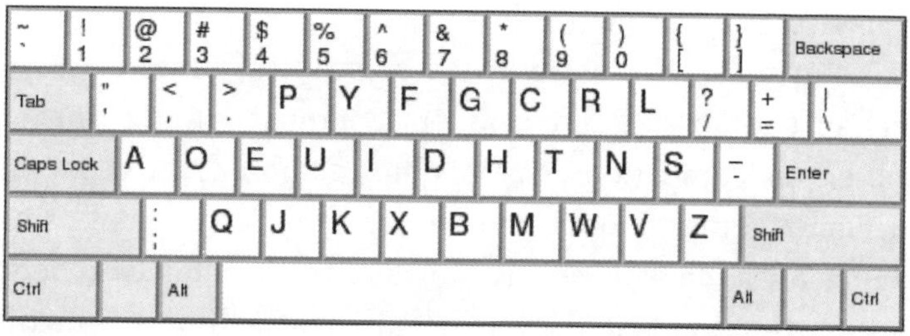

Mas, se já estamos muito habituados ao padrão atual, isso significa que fomos vítimas de um longo processo de autorreforço que nos fez ficar à vontade com o teclado QWERTY. Sabemos tirar o melhor desse padrão e, caso migrássemos para o padrão Dvorak, levaríamos semanas ou talvez meses até atingirmos o melhor dele. Quando nos recusamos a enfrentar esse período de transição, encarando o tempo e o custo de mudança, demonstramos que estamos aprisionados (*locked in*) no padrão antigo.

Situações semelhantes ocorrem quando cogitamos mudar de médico, de advogado ou mesmo de empregada doméstica e, portanto, nossas escolhas atuais estão condicionadas às escolhas do passado.

Há diversas causas por trás dos fenômenos de *path dependence*. Algumas são formais, resultados de contratos firmados no passado ou da adoção de determinados padrões tecnológicos, de determinados fornecedores ou mesmo da decisão de instalar fisicamente uma planta fabril em determinado local. Outras causas são de natureza social e cultural. O maior exemplo de *path dependence* cultural é nosso sistema de contar o tempo baseado em números como 12, que são as horas do dia e da noite e meses do ano, e 60, o número de minutos em uma hora e de segundos em um minuto. Esse sistema, chamado de sexagesimal, foi adotado pela primeira vez na Mesopotâmia mais de 2 mil anos antes de Cristo. A base 60 foi adotada para facilitar cálculos, pois esse é o menor número simultaneamente divisível por 1, 2, 3, 4, 5 e 6. Por exemplo: 12 = 60 / 5. E ainda hoje, em plena era da informação, compramos dúzias de ovos, arrobas de carne (15 = 60 / 4) e contamos o tempo seguindo um padrão milenar que se difundiu e se tornou referência devido a vantagens tecnológicas que já não são importantes há alguns séculos.

Embora as nações, organizações e outras entidades condicionadas a um caminho dependente da trajetória tenham custos aumentados para revertê-lo à medida que o tempo passa, tornando-se *locked in*, a fuga de uma trajetória (*break out*) é possível e deve ser considerada no planejamento com cenários. O caso da Britannica, discutido ao final deste capítulo, deixa claro que rupturas ocorrem e mudam padrões.

As possibilidades de ruptura estão relacionadas com as incertezas críticas do processo de criação de cenários, ou seja, não se busca a certeza ao desenvolver um cenário simplesmente porque ninguém é capaz de adivinhar o futuro. O que buscamos é construir visões plausíveis do futuro que sejam úteis para a tomada de decisão no presente. Assim, a identificação das forças motrizes faz aflorar uma série de incertezas que devem ser reduzidas à menor quantidade possível, selecionando-se as que são fundamentais para a decisão-chave ou foco empregado para a criação de cenários. Haverá sempre certo grau de inércia na dinâmica das forças motrizes. Mas a probabilidade de ruptura deve ser sempre considerada e analisada na construção de cenários.

Mas, afinal, por que é tão difícil olhar adiante?

Quando tratamos de forças motrizes, enumerando exemplos e realizando análises *a posteriori*, pode ser que o leitor acabe com a falsa impressão de que este é um exercício relativamente fácil. Mesmo a identificação de ameaças de ruptura é um tema comum nas tradicionais análises dos estrategistas, feitas por meio do uso da matriz Swot.

Porém, a maior prova de que olhar adiante, formulando futuros possíveis, é algo difícil pode ser encontrada em uma análise retrospectiva. A visão de futuro que tínhamos no passado nem sempre correspondeu ao que aconteceu de fato. Alguns dos projetos de Leonardo da Vinci parecem risíveis hoje. Mas, ao mesmo tempo, séries de televisão futuristas dos anos 1960 anteciparam corretamente algumas invenções como o telefone celular e as telas de plasma ou LCD.

Você, leitor, pode concluir, portanto, que a experiência de elaboração e uso de cenários revela algo curioso. Equipes diferentes, analisando as mesmas tendências e visando aos mesmos objetivos, chegam muitas vezes a cenários diferentes. É como se olhassem para o mesmo objeto, mas enxergassem coisas diferentes. Por quê?

Prahalad e Krishnan (2008:127) afirmam ser quase desnecessário dizer que "aquilo que se vê depende de onde já se esteve". Em outras palavras, a prática organizacional, sobretudo quando bem-sucedida, gera o que os autores chamam de lógica dominante, um conjunto de práticas, crenças, processos e valores referendados pelos bons resultados do passado. Como regra, essa lógica funciona como uma lente através da qual os executivos enxergam a realidade a seu redor. É extremamente difícil alterar modelos mentais ancorados nos bons resultados do passado. E esses resultados também condicionam a trajetória das próprias organizações.

Ocorre que, com o passar do tempo, algumas empresas rotinizam a tal ponto a forma de agir baseada na lógica dominante que passam a buscar recursos e desenvolver competências exclusivamente em função dela. Esse é um grande obstáculo à inovação, especialmente em um ambiente marcado por mudanças em ritmo acelerado. E também torna mais difícil a identificação de tendências (tema deste capítulo) e o alinhamento estratégico (tratado no capítulo 4).

Toda essa discussão nos remete ao conceito de paradigma. Esse é um termo de uso corrente em gestão de negócios, mas poucas pessoas creditam a Thomas Kuhn (2003) o mérito pela formulação do conceito. Vejamos uma brevíssima síntese da formulação do autor e sua aplicação à análise das forças motrizes.

A partir da análise de relatos da psicologia experimental, Kuhn concluiu que o cérebro humano desenvolve rotinas como forma de poupar a memória. Todos temos uma capacidade limitada de acumular informação e, por isso, desenvolvemos rotinas ou "formas-padrão de solução de problemas". Na verdade, essa é precisamente uma primeira definição de paradigma. Paradigmas podem ser definidos como formas-padrão de solução de problemas, a lógica dominante de ação, cristalizada pelo sucesso passado e que condiciona a visão que temos dos fatos ao nosso redor.

Se alguém lhe pedir para imaginar o caminho que você fará de carro até sua casa no final da tarde, você tenderá a buscar essa informação em sua memória profunda, pois essa é uma atividade rotineira. Se estiver desatento, você pode esquecer que prometeu carona a seu amigo. Essa informação deveria estar armazenada na memória de trabalho, isto é, no nível mais superficial, onde você acumula informações menos relevantes e potencialmente descartáveis. Muitos de nós, em situações de carona, somos vítimas da chamada "hipnose do caminho". Prometemos levar um colega até a casa dele, mas, quando damos pela situação, estamos fazendo o caminho de nossas próprias casas, o caminho de (quase) todos os dias, a rotina. Nesses casos, em algum momento, fomos vítimas da lógica dominante ou paradigma e adotamos uma ação rotineira em uma situação nova.

E se alguém perguntasse a um empresário qual é a melhor forma de gerir seu negócio? Parece uma pergunta mais complexa, mas a forma-padrão de solução de problemas, sua lógica dominante ou paradigma de negócio, poderá influenciar decisivamente a resposta e as ações condizentes com ela. Para o bem ou para o mal.

É bastante conhecido o experimento psicológico no qual pessoas são apresentadas a imagens em *flash* de cartas de um baralho e devem dizer que carta viram. Todas respondem a uma pergunta inicial: "Você está familiarizado com as cartas de um baralho-padrão?". Para as que dizem "sim", são mostradas aquelas imagens. Ocorre que, nesse experimento, existe a imagem alterada de uma carta específica, um 2 preto de ouros. Como não existe um 2 preto de ouros nos baralhos-padrão, e o tempo de exposição é muito curto, quase todos os participantes do experimento afirmam ter visto um dois de espadas. O que essas pessoas estão fazendo de forma involuntária? Estão aproximando a situação nova à sua lógica predominante, a seu paradigma ou forma-padrão de solução daquele tipo de problema. Isso prova que modelos mentais ancorados no sucesso do passado filtram as informações que recebemos e nos fazem ver com base na experiência passada.

A lógica predominante ou paradigma é uma lente que nos faz ver bem algumas coisas (sobretudo as de rotina) e distorce a imagem de outras (em geral, aquilo que é novidade). Por isso, por vezes, essa lógica nos faz tratar o que é novo como um caso particular da rotina, dificultando a identificação de novas tendências.

A utilização de paradigmas é algo extremamente importante para as atividades humanas. Se não tivéssemos paradigmas, estaríamos o tempo todo questionando o funcionamento do mundo e nossas atividades mais corriqueiras se tornariam grandes questionamentos filosóficos. No entanto, aquilo que é de extrema utilidade no dia a dia, se utilizado na dose errada, pode tornar-se verdadeiro veneno na gestão empresarial em tempos de mudanças ambientais rápidas.

Um empresário extremamente bem-sucedido ao longo de décadas desenvolve um paradigma de gestão empresarial, sua lógica dominante. Seus longos anos de sucesso, as diversas crises enfrentadas, os concorrentes superados, tudo isso lhe dá tamanha confiança que, se o ambiente empresarial for alterado, ele poderá insistir no uso das velhas técnicas e ferramentas, culpando tudo e todos (menos a si mesmo), caso ocorra um fracasso. Esse é o lado perigoso dos paradigmas. Seu uso nos dá tanto conforto que nos tornamos relativamente cegos para a ocorrência de fatos novos, muitos dos quais deveriam servir de alerta sobre a ocorrência de *gaps*, seja de competências ou de acesso a recursos estratégicos.

Prahalad e Krishnan (2008, cap. 5) citam o exemplo do marketing de automóveis. Durante anos, as empresas veiculavam campanhas nas quais não apareciam crianças. A lógica dominante era a de que a escolha do modelo a ser comprado cabia predominantemente aos pais de família, e crianças e esposas tinham pouca influência nessa decisão. Isso pode ter sido verdade durante muitos anos. Mas, na atualidade, é impensável uma campanha de certos modelos na qual não haja crianças. Pois os estudiosos de marketing sugerem que essa mudança não aconteceu sem resistências. Os fatos novos, o novo papel dos filhos na escolha do carro da família, não foi notado rapidamente, pois a lógica dominante filtrava essa informação e a descartava.

Ao nos oferecer um referencial-padrão para a solução de problemas, fortemente apoiado nas rotinas e nos sucessos passados, o paradigma ou lógica dominante pode anestesiar nossa capacidade de agir de forma nova diante de fatos novos. O paradigma nos torna cegos para as anomalias e nos faz tentar encaixá-las nas velhas rotinas e nas antigas referências. Ou melhor: ele nos faz classificar como exceção aquilo que pode estar se tornando a nova regra, fruto de tendências que estão se impondo progressivamente.

O papel do consumidor na definição do ambiente empresarial: algumas tendências

Nossa discussão sobre forças motrizes do ambiente empresarial ficaria incompleta caso não fizéssemos uma avaliação mais detalhada sobre tendências de comportamento do consumidor. No capítulo 1, esboçamos o tratamento desse tema ao apresentar a técnica ortogonal de construção de cenários. Mas, naquele capítulo, algumas das tendências em curso serviram apenas como ilustração da técnica ortogonal.

O fato é que o cliente é o elemento mais relevante no ambiente empresarial, tanto no presente quanto nos futuros possíveis imaginados por meio de diferentes cenários. Empresas e profissionais que têm sucesso em gerar e manter vantagens competitivas são aqueles que conseguem antecipar, ou, ao menos, acompanhar as alterações nas expectativas de seus clientes, gerando valor tanto para eles quanto para seus próprios negócios em um autêntico jogo no qual todos ganham. Assim, compreender as mudanças em curso relativas aos processos de geração e percepção de valor é algo extremamente valioso no planejamento com cenários.

Desde os anos finais do século passado, os antigos paradigmas referentes à geração de valor, pelas empresas, e à percepção de valor, pelos clientes, estão sofrendo grandes abalos. A começar por essa separação entre valor gerado e valor percebido. Até recentemente, valor era visto como algo que as empresas "agregavam" a seus produtos. As análises mais recentes sobre as cadeias de geração de valor apenas estenderam o horizonte dessa mesma ideia, isto é, segundo essa visão, o valor é gerado por um conjunto de atividades que correm por conta das empresas: processos produtivos, desenvolvimento de novos produtos, serviços e processos, boa gestão da qualidade e da cadeia de suprimentos etc. Dessa lógica, o esforço comercial posterior, sobretudo no que se refere ao marketing, deve ser eficaz no sentido de que o consumidor efetivamente perceba o valor contido nos bens e serviços ofertados pelas empresas e suas cadeias geradoras de valor. Tudo isso, que parece de absoluto bom senso, está sendo questionado nos dias de hoje (Ramaswamy e Gouillart, 2010).

Segundo a nova visão, chamada de "cocriação" ou "cogeração" de valor (Prahalad e Ramaswamy, 2004), um bem ou serviço tem valor devido a um conjunto inseparável de elementos. Tratar como processos distintos a geração e a percepção de valor nos dias de hoje é um erro grave. Se o cliente não percebe o valor, então a empresa não gerou valor algum. Valor não percebido é valor não gerado! Essa é uma das máximas da análise da cogeração.

A fim de manter as coisas simples, vamos começar com a definição econômica tradicional de valor agregado (ou valor adicionado).

Em determinada atividade produtiva, o valor agregado (VA) é simplesmente a diferença entre o valor de venda do produto (bem ou serviço, VP) e o valor dos insumos utilizados na produção desse mesmo bem ou serviço (VI). A fórmula tradicional é: VA = VP – VI.

Todos esses valores são mensuráveis em moeda. Os exemplos são infinitos. O computador utilizado para escrever o texto que você está lendo agora foi vendido por determinado VP. Foram utilizados insumos diversos: o monitor, o processador, os cabos etc. Todos são itens que "insumiram" no processo de montagem do computador. Todos são parte do VI. A diferença entre esses dois valores é o VA. O valor agregado, por sua vez, não é apenas o lucro da empresa. Nele também estão embutidos os gastos da empresa com pagamento de salários, juros, aluguéis e os impostos indiretos que integram o preço de venda do produto. Em resumo, o VA corresponde à geração de renda naquela atividade, apropriada ou pelos empresários (lucros), ou pelos trabalhadores (salários), ou pelo governo (impostos) ou pelos credores (juros) etc.

Como se vê, a definição de valor agregado é simples. Mais complexa é a discussão sobre os fatores que podem ampliar a geração desse valor e as novas tendências que já observamos nesse processo dinâmico. Afinal, se esses mesmos insumos de meu computador (processadores, monitor, cabos etc.) tivessem sido montados por uma empresa desconhecida e sem reputação no mercado, o computador teria o mesmo valor agregado? Certamente, não. Portanto, se o consumidor não valoriza determinado bem, o processo de agregação de valor não passa na prova de fogo, isto é, a compra efetiva e renovada por determinado preço.

Até o início dos anos 1990, a visão da geração de valor atribuía ao cliente um papel secundário e passivo. Os maiores processos de geração de valor eram vistos sendo realizados por grandes empresas ou grandes marcas, essencialmente através de processos produtivos sofisticados e da capacidade dessas mesmas empresas e marcas de antecipar os desejos, as necessidades e as comodidades demandadas por seus clientes.

Assim, por exemplo, o controle sobre os processos produtivos permitiria reduzir os gastos com insumos, minimizando o VI. Por seu turno, as grandes marcas e a capacidade de antecipação dos desejos e necessidades dos clientes possibilitariam cobrar preços mais elevados (VP). Ambos os processos, pensava-se, ampliavam o hiato entre o valor dos insumos e o valor dos produtos, maximizando o valor agregado (VA).

Mas será que essa visão centrada na capacidade das empresas de ampliar o hiato VP – VI, tão relevante ao longo do século XX, ainda é válida? Que tendências podemos observar hoje no processo de geração/percepção de valor? A abordagem da cogeração será apresentada neste capítulo de forma preliminar, centrada nos aspectos de comportamento do consumidor, e será retomada no capítulo 4, quando discutiremos a questão do alinhamento estratégico no âmbito do planejamento com cenários.

Segundo a abordagem da cogeração, o papel do consumidor hoje é muito diferente daquele que prevaleceu durante quase 100 anos, ao longo da constituição da sociedade de consumo de massa. E esse novo papel apresenta importantes desafios para a geração de valor. O consumidor que está surgindo por conta das forças motrizes que estão alterando seu padrão de percepção de valor é muito diferente do demandante relativamente passivo de décadas atrás. E as competências empresariais necessárias para sustentar vantagens competitivas, como seria de se esperar, também estão mudando.

Imagine um consumidor à procura de um carro novo hoje. Ele tem à disposição um número imenso de revistas com os mais variados testes. Sabe de problemas com modelos semelhantes lançados no exterior. Tem notícias sobre novos acessórios e prováveis mudanças de *design* que estão prestes a entrar no mercado. Reúne todas essas informações e faz uma busca na internet para comparar modelos alternativos de montadoras diferentes. E se, casualmente, esse consumidor se depara com um site de "proprietários insatisfeitos do modelo tal"? Há vários desses sites na net. A opinião de outros consumidores ou meros aficionados por automóveis, espalhada pelas redes sociais, certamente terá impacto sobre esse potencial comprador.

Outro exemplo marcante é nossa relação com os médicos. Hoje, nosso nível de informação sobre novos tratamentos, novos medicamentos e novos exames é enorme. Temos muitos argumentos que pacientes de uma geração atrás simplesmente desconheciam. Há os que solicitam exames que os próprios médicos acham desnecessários. Há pacientes que leram a respeito dos males de determinado medicamento. Há, ainda, os que sabem que até medir a pressão arterial não é algo tão simples, pois pode haver erros na mensuração. Tanto empresas produtoras de fármacos quanto comunidades de pacientes acometidos por certas enfermidades disponibilizam grande conteúdo de informações que podem municiar os pacientes de hoje nas consultas com seus médicos, influenciando profundamente essa relação. Para o bem ou para o mal.

Em síntese, segundo a abordagem da cogeração de valor, cinco características marcam o novo perfil do consumidor e estão definindo novas tendências de comportamento e, portanto, condicionando a geração de valor (Prahalad e Ramaswamy,

2004). Algumas dessas características têm clara interface com as seis tendências globais apresentadas no capítulo 1:

- *Acesso à informação.* A informação não está apenas na internet, mas também em um número crescente de publicações nas bancas de jornal, canais exclusivos em TVs por assinatura etc. Rótulos com informações nutricionais, já citados, são outro elemento básico para o consumidor hoje. O consumidor quer saber mais sobre os bens e serviços que adquire e sobre as empresas que os oferecem.
- *Visão global.* Os consumidores não podem ser mais vistos como habitantes de ilhas de informação, como nas décadas passadas. Hoje, têm condições de comparar produtos, serviços e preços em todo o mundo sem sair de casa. Comprar um produto com um rótulo onde se lê Paris e depois descobrir que não há nada parecido na França é algo que gera sérios danos à atribuição de valor por parte do consumidor.
- *Redes de contatos.* A tecnologia da informação faz de cada consumidor um integrante de uma rede quase sem limites. Podemos buscar informações e impressões pessoais de consumidores, pacientes e clientes em geral. Há uma demanda crescente por informação sobre as experiências de outras pessoas como forma de orientar o consumidor e auxiliá-lo na formação de sua própria percepção de valor. Não é por outro motivo que as empresas disponibilizam, nos meios de comunicação, relatos de clientes satisfeitos sobre suas experiências individuais.
- *Experimentação e individualização das experiências.* Sempre que possível, o consumidor quer ter direito ao *test drive*. Pode ser a degustação no supermercado ou na exposição, a amostra grátis do novo remédio, o primeiro mês gratuito da TV por assinatura, do cartão de crédito ou do provedor de internet. Mais do que isso, os consumidores estão cada vez

mais em busca de experiências únicas. Muitas vezes, não se satisfazem com um leque de opções: eles desejam combinar opções de forma pessoal e momentânea, descobrindo novas formas de experimentação (Prahalad e Krishnan, 2008).

- *Ativismo*. O consumidor quer ter canais variados de comunicação com as empresas. Seja por meio dos serviços de atendimento ao consumidor (SAC), feitos por telefone, seja em um espaço dos sites das empresas dedicado à opinião dos clientes. E, na ausência de tudo isso, há sempre as colunas de jornal dedicadas às reclamações e aos elogios dos clientes ou mesmo algumas organizações não governamentais (ONGs), como no caso da Timberland, analisado ao final deste capítulo, hábeis em repercutir insatisfações e preocupações de grupos de consumidores.

Todos esses elementos mostram que a percepção de valor começa muito antes de o consumidor se dirigir efetivamente ao mercado. E perdura muito além da aquisição de um bem ou serviço através da compra.

A ideia fundamental (e inovadora) da abordagem da cogeração é que as empresas devem estar presentes em todas as etapas do processo de atribuição de valor por parte dos clientes.

Sem um esforço decidido de antecipação das expectativas desse novo consumidor torna-se quase impossível abandonar o antigo paradigma centrado nas empresas e nos processos como geradores de valor, transitando para a visão que confere ao cliente um papel compatível com seu novo perfil.

Um exemplo marcante refere-se ao filme *O senhor dos anéis* (Prahalad e Ramaswamy, 2004). A obra de J.R.R. Tolkien já era bastante conhecida no mundo inteiro bem antes de o filme ir para as telas. Os produtores sabiam que havia diversos grupos de fãs de Tolkien organizados em redes, tanto por meio da internet quanto de outros meios de comunicação. Se esses fãs fundamentalistas da trilogia de *O senhor dos anéis* tivessem uma visão desfavorável da adaptação para o cinema, rapidamente suas críticas percorreriam o mundo por meio da internet e poderiam influenciar a percepção de valor de um número incalculável de potenciais expectadores. Não foi por outro motivo que os produtores do filme mantiveram contato estreito com todos os fã-clubes, liberando uma série de informações e solicitando críticas e sugestões durante várias das etapas da produção. Essa interação percorreu o mundo através dos sites dos fãs "fundamentalistas" de Tolkien, antecipando a geração-percepção de valor e colocando esse processo em seus devidos padrões interativos consumidor-empresa-consumidor. Algo muito semelhante ocorreu com a criação do parque temático inspirado na série Harry Potter.

Note que todas as cinco novas características que marcam o perfil atual dos consumidores foram observadas no processo de geração de valor em *O senhor dos anéis*: acesso à informação, visão global, redes de contatos, experimentação e ativismo. O resultado foi a imensa geração de valor para os investidores que apostaram na produção da trilogia.

Um fenômeno muito relacionado a todas essas tendências de comportamento do consumidor é o chamado *tryvertising* (Prahalad e Krisinan, 2008). Trata-se de um neologismo que reúne as palavras *try* (tentar ou experimentar, em inglês) e *advertising* (promoção ou divulgação promocional, em inglês). As empresas que praticam o *tryvertising* oferecem oportunidades de consumo de bens e serviços a preços muito baixos ou mesmo de graça a clientes que se comprometam a avaliar sua experiência. Com isso, essas empresas conseguem mapear a opinião, as críticas e as expectativas dos consumidores antes de lançar seus produtos no mercado em definitivo. O fenômeno do *tryvertising* mostra que o processo de geração de valor tem de começar e terminar no cliente, respeitadas as novas tendências de comportamento do consumidor.

No capítulo 4, voltaremos à análise da cogeração, pois é fundamental manter o alinhamento entre as estratégias de negócio e as mudanças no modo como os consumidores percebem e validam o valor daquilo que as empresas e os profissionais liberais oferecem a eles.

Paradigmas e identificação de tendências: três casos práticos

Mais uma vez, a melhor forma de caminharmos para o encerramento de mais um capítulo é reunir todo conteúdo das seções anteriores, ilustrando-o por meio de casos que sejam, a um só tempo, práticos e ilustrativos.

Monitorar as expectativas de nossos clientes é um exercício contínuo. Erros na avaliação de como eles atribuem valor àquilo que lhes oferecemos podem resultar em enormes fracassos. Por outro lado, buscar atender às suas expectativas pode mudar radicalmente nossa forma de fazer negócio. Isso porque as tendências em curso podem estar tornando obsoletas velhas fórmulas-padrão de solução de problemas, isto é, velhos paradigmas de ação, a despeito de seu amplo histórico de sucesso.

Por isso, cenários que são construídos supondo rupturas e destacando ameaças são incômodos, mas estritamente necessários. Se estivermos convencidos de que soluções de sucesso no passado continuarão funcionando, talvez os cenários-base sejam sempre os do tipo *business-as-usual*, ou, em uma tradução livre, "em time que está ganhando, não se mexe". Mas talvez seja possível dizer que o lado mais delicado da ideia de paradigma refere-se à imagem que construímos da própria empresa a qual, em última análise, define sua missão e sua visão.

Como vimos no capítulo 1, a IBM não acreditava que o computador pudesse tornar-se elemento essencial de seu *core business* no futuro. Isso ocorreu nos anos 1950. Muita coisa mudou nos anos que se seguiram. Mas será que na década de 1970 a IBM via a oferta de soluções em TI, nicho que ela explora na atualidade, como elemento de seu *core business*? Talvez o conceito de soluções nem sequer tivesse sido formulado na época como nós o conhecemos hoje! Seja como for, em ambos os casos, está claro que a empresa aprendeu no contato com seus clientes, antecipou suas expectativas e, em certa medida, se reinventou ao longo do tempo. Na atualidade, o próprio conceito de solução em TI confere um lugar de destaque para o cliente e suas necessidades únicas no processo de geração de valor.

Outro exemplo gritante: quando foi lançada a Encarta, enciclopédia multimídia da Microsoft, no início da década de 1990, qual era o paradigma de enciclopédia? A resposta óbvia é: Britannica! Quando as vendas da Britannica começaram a cair, em grande medida devido ao impacto da informação por meio digital, a primeira reação dos gestores da empresa foi dar treinamento para os vendedores porta a porta. O diagnóstico era o de que, se a Britannica estava vendendo menos, só poderia ser devido a problemas na abordagem dos tradicionais vendedores. Afinal, pensavam os gestores, enciclopédia se vende de porta em porta.

As vendas continuaram caindo até o encerramento da produção dos 32 imensos volumes, anos depois. Certamente a Britannica estava vendo um 2 de espadas quando lhe apresentaram um 2 preto de ouros. Mas como ela poderia resolver o problema?! Procurando continuamente a identificação de tendências, questionando o paradigma de enciclopédia vigente e buscando uma visão crítica de si mesma, de ideia de negócio, do ambiente empresarial onde atuava e das estratégias resultantes de toda essa complexa avaliação.

Certamente, ao concluir que a solução do problema estava na necessidade de reforçar o modelo de venda, a Britannica mostrou seu apego a velhos paradigmas e não buscou em seus clientes a resposta para a questão: por que meu produto não é valorizado como antes? Em lugar disso, a empresa acreditou que vendedores mais bem treinados poderiam "abrir os olhos" dos consumidores para o valor contido nos 32 volumes da enciclopédia, indiscutivelmente um produto com conteúdo mais denso do que a Encarta (Shapiro e Varian, 1999, cap. 1).

Hoje, o conteúdo da Britannica pode ser acessado pela internet no site www.britannica.com. Existem diferentes níveis de acesso e alguns são pagos. O visual é leve e a navegabilidade é muito boa. Mas a publicidade passou a ser uma importante fonte de receita. O site também é uma loja virtual e, acredite, leitor, os 32 volumes com mais de 40 milhões de palavras ainda podem ser comprados por cerca de US$ 1.400.[4] Mas há outros produtos à venda.

Por fim, um dos casos mais citados em identificação de tendências e análise de cenários é o da Shell. Peter Schwartz, executivo da empresa nos anos 1970, tornou-se uma das maiores referências no assunto ajudando a companhia a se preparar para os efeitos dos dois choques de preço que ocorreram naquela década. Muitas empresas do setor resolveram realizar grandes investimentos em prospecção e refino, motivadas pelo aumento explosivo da demanda desde o fim da década anterior e pela forte elevação de preços depois da constituição do cartel da Organização dos Países Exportadores de Petróleo (Opep).

O paradigma, isto é, a lógica dominante vigente era a de que o petróleo e seus derivados tinham múltiplos usos e que o produto era de difícil substituição. Com preços elevados e de-

[4] Essa informação se refere à consulta feita ao site em outubro de 2010.

manda relativamente constante, a rentabilidade desses projetos parecia irresistível. Um dos futuros possíveis contemplados pela Shell considerava a possibilidade da queda permanente na demanda motivada pela substituição de materiais e pelo aumento da eficiência energética. A empresa adotou uma estratégia de menor imobilização de recursos e se beneficiou dos resultados dessa opção quando os preços começaram a cair fortemente a partir do início da década de 1980 (Schwartz, 2000). Em outras palavras, a análise feita considerou a possibilidade do surgimento de novas tendências e de uma fuga da trajetória (*break out*).

Na atualidade, a tendência mais importante no campo energético é a busca de fontes sustentáveis de energia, limpas e renováveis. E por quê? Em grande medida porque os consumidores finais estão muito mais sensibilizados pelas questões ambientais. Essa é uma tendência tão clara no processo de atribuição de valor que até empresas mineradoras destacam suas políticas socioambientais em suas campanhas de marketing.

Por tudo isso, muitos especialistas afirmam que o futuro do setor energético é a célula de hidrogênio. Em outras palavras, dadas as tendências em curso, o cenário mais provável no longo prazo é que a célula de hidrogênio ocupe um lugar de grande importância na matriz energética mundial, substituindo o motor de combustão interna. Mas, enquanto essa fonte não se torna econômica e tecnicamente viável, vivemos um período de transição no qual o cenário mais provável é o uso crescente de bioenergia, combinada às fontes mais tradicionais.

Em resumo...

Neste capítulo, você, leitor, deve ter notado que existem vários desafios para a identificação de tendências. Em alguns casos, o fenômeno da *path dependence* gera certo grau de inércia, condicionando a trajetória de evolução do ambiente empresarial. Em outros casos, situações de *lock in* impedem que soluções novas e mesmo superiores tecnicamente sejam escolhidas. Mapeamos algumas importantes tendências de perfil e comportamento do consumidor, essenciais para nortear a ação de qualquer empresa ou profissional.

No capítulo seguinte, iremos nos concentrar em uma das dimensões mais relevantes do macroambiente de qualquer empresa: a esfera macroeconômica. Conceitos e mecanismos de grande impacto sobre empresas e seus clientes serão abordados. Será a interface do planejamento com cenários com as disciplinas de economia.

Desafio

O teclado Dvorak não foi um fracasso completo. Ele é usado hoje em dia por profissionais da área de editoração. Mas, afinal, por que esses profissionais não foram vítimas do *lock in* típico do teclado QWERTY? Por que eles conseguiram realizar o *break out*? Você consegue extrair desse fato uma conclusão genérica que mostre que, em situações-limite, mesmo grandes custos de mudança são superados? Então, afinal, que elementos são relevantes para superar situações de *lock in*?

3

Cenários econômicos

Os economistas previram nove das últimas cinco recessões.
Atribuído a *Paul Samuelson*, ganhador do Nobel de Economia em 1970.

Como vimos no capítulo 1, a técnica de planejamento com cenários pode ser aplicada em várias dimensões. No que se refere ao horizonte temporal, ela é ideal quando o número de eventos predeterminados se reduz, ampliando a incerteza. Do ponto de vista do ambiente de negócios, pode-se aplicá-la ao ambiente de operação, isto é, à esfera na qual as decisões da própria organização têm impacto significativo. Mas também é possível traçar cenários para o macroambiente.

Mas, de todas as dimensões desse macroambiente, a macroeconômica está entre as de maior interesse. E, a depender do horizonte temporal escolhido, é possível aplicar tanto técnicas de previsão quanto a análise de cenários (ver figura 1).

O objetivo deste capítulo é apresentar alguns dos principais indicadores e mecanismos macroeconômicos. Com isso, nossa intenção é oferecer a você, leitor, melhores condições de compreender e antever os movimentos mais impactantes dessas variáveis, avaliando sua influência sobre os resultados obtidos por empresas e profissionais.

Ao longo deste capítulo, dedique especial atenção aos seguintes elementos conceituais: PIB, indicadores de inflação, crescimento econômico, regime de metas para a inflação, demanda e oferta agregadas.

Uma visão preliminar da esfera macroeconômica

Quando tratamos de empresas específicas, de seus concorrentes, clientes e fornecedores, estamos no campo da chamada microeconomia. Nesse terreno, tratamos de mercados específicos, destacando ofertantes, empresas, profissionais liberais e demandantes, que podem ser consumidores ou outras empresas. Nos termos do capítulo 1, esse é o ambiente de operação, esfera na qual a ação das organizações tem mais impacto (ver figura 2).

Mas quando tratamos de relações em uma dimensão mais ampla, tipicamente a economia de um país como um todo, atingimos o campo da chamada macroeconomia ou, nos termos do capítulo 1, do macroambiente de negócios. Nessa esfera, as ações isoladas de empresas e profissionais costumam ter impacto pequeno ou nulo. Mas, ao mesmo tempo, mudanças nas variáveis macroeconômicas costumam ter grande potencial de interferência sobre o desempenho das organizações.

Assim, por exemplo, a valorização cambial, ou seja, queda do preço do dólar, pode alterar significativamente a concorrência em diversos mercados ao tornar mais baratos os produtos importados, exigindo esforços de alinhamento estratégico. Da mesma forma, o aquecimento no mercado de trabalho, com ampliação do número de trabalhadores formais, com carteira assinada, eleva a capacidade das famílias de obter crédito, impulsionando o consumo nos mais diferentes segmentos do varejo.

Para uma melhor compreensão dos conceitos e dos mecanismos macroeconômicos, pode-se dividir essa esfera didaticamente em quatro macromercados, isto é, mercados definidos de forma bastante ampla, genérica (Gonçalves e Ramos, 2008):

- o mercado de bens e serviços;
- o mercado de trabalho;
- o mercado monetário-financeiro;
- o mercado cambial.

Os dois primeiros são muito correlacionados e podem ser tratados de forma conjunta. Afinal, se as empresas estão operando em níveis elevados, produzindo grandes volumes de bens e serviços, certamente também estarão contratando trabalhadores. Na recessão, os baixos níveis de operação no mercado de bens e serviços tendem a causar desemprego.

O mercado monetário-financeiro tem grande relevância para a construção de cenários. É nesse mercado que se dá a atuação do Banco Central, fixando a taxa de juros básica, variável que comanda o comportamento de todas as demais taxas de juros na economia e, portanto, impactando o custo de capital para as empresas e o custo do crédito para os consumidores.

Por fim, o mercado cambial corresponde à interface da economia de um país com o exterior, trazendo para dentro das fronteiras a influência do ambiente econômico mundial. O quadro 3 apresenta as principais variáveis macroeconômicas e seus respectivos mercados.

Como regra, os governos procuram interferir na dinâmica desses macromercados, sobretudo com o objetivo de evitar grandes oscilações no nível de atividade e nos preços. Esse padrão de intervenção, chamado de política macroeconômica, também é objeto dos exercícios de construção de cenários. Para cada um dos três macromercados o governo tem uma política específica: a política cambial, para o mercado de câmbio; a política monetária, para o mercado monetário-financeiro; a política fiscal, para o mercado de bens e serviços.

Quadro 3

PRINCIPAIS VARIÁVEIS MACROECONÔMICAS

Macromercados	Principais variáveis
Bens e serviços (e de trabalho)	❑ Produto Interno Bruto ❑ Produto Nacional Bruto ❑ Renda per capita ❑ Indicadores de inflação ❑ Nível de emprego
Monetário-financeiro	❑ Taxa de juros básica* ❑ Volume de crédito ❑ Depósitos compulsórios
Cambial	❑ Taxa de câmbio ❑ Exportações e importações ❑ Fluxos de capital ❑ Volume de reservas internacionais

* No Brasil, chamada de taxa Selic, é a taxa que remunera os títulos públicos federais.

A ação da política econômica pode ter em vista objetivos mais imediatos, de curto prazo, ou metas mais distantes no tempo, de longo prazo.

As metas mais comuns no curto prazo, horizonte de no máximo um ano, são relacionadas à demanda por bens e serviços em geral, chamada de demanda agregada. Isso porque quedas abruptas da demanda agregada tendem a gerar desemprego, enquanto altas muito acentuadas em geral causam inflação. Em outras palavras, no curto prazo, a política econômica visa evitar os dois excessos, isto é, procurar impedir que haja desemprego excessivo e inflação alta demais.

No longo prazo, o maior objetivo da política econômica é estimular as empresas e os profissionais a investirem na produção, ampliando ou modernizando sua capacidade de oferecer bens e serviços. Esse foco sobre as condições de oferta, ou seja, aquisição de máquinas e equipamentos, capacitação da mão de obra, ampliação da infraestrutura etc., visa sustentar o crescimento de longo prazo. Afinal, se a demanda crescer além do que as empresas e profissionais podem ofertar em termos de bens e serviços, não será possível sustentar esse crescimento e o resultado acabará sendo, cedo ou tarde, a alta de preços.

Em resumo, se no curto prazo o foco da ação do governo no macroambiente é a demanda agregada, no longo prazo é fundamental garantir a expansão da oferta agregada. Em outros termos, estabilidade no curto prazo e crescimento no longo prazo são os dois focos da política macroeconômica.

Mensuração da atividade econômica

Nesta seção, vamos nos dedicar a uma tarefa árdua, isto é, à mensuração da atividade econômica como um todo e à produção global no mercado de bens e serviços. Seja da ótica da demanda e do curto prazo, seja da ótica da oferta e do longo prazo, o primeiro obstáculo se refere à necessidade de somar à produção um número imenso de setores diferentes. O único ponto de partida possível é realizar uma soma de valores monetários. Só assim, por exemplo, a produção de aço (mensurada em toneladas) pode ser somada à produção de energia elétrica (medida em megawatts/hora).

É por essa razão que, em uma primeira aproximação, o Produto Interno Bruto (PIB) costuma ser expresso em valores monetários. Assim, sempre que nos referimos às maiores economias do mundo, por exemplo, a variável que está em foco é o valor do PIB. O quadro 4 apresenta o *ranking* dos maiores PIBs do planeta em 2010, expressos em dólares correntes.

Um segundo obstáculo para a mensuração da atividade econômica é que não se pode simplesmente somar o valor de toda a produção de bens e serviços. Isso porque o valor de alguns itens compõe o valor de outros. Assim, a soma indiscriminada do valor da produção geraria dupla contagem. No valor de livros e cadernos, por exemplo, já está incluído o valor do papel utilizado em sua produção. É por isso que a valor do PIB de um país deve ser mensurado de acordo com a seguinte definição: o Produto Interno Bruto, expresso em valor monetário, corresponde ao somatório dos valores de todos os bens e serviços *finais* produzidos dentro das fronteiras de um país, ou região, em dado período.

Quadro 4

PIB DAS MAIORES ECONOMIAS DO MUNDO — 2010

Mundo:		US$ 61,96 tri
União Europeia:		US$ 16,11 tri
1.	EUA	US$ 14,62 tri
2.	China	US$ 5,74 tri
3.	Japão	US$ 5,39 tri
4.	Alemanha	US$ 3,30 tri
5.	França	US$ 2,55 tri
6.	Reino Unido	US$ 2,26 tri
7.	Itália	US$ 2,04 tri
8.	Brasil	US$ 2,02 tri
9.	Canadá	US$ 1,56 tri
10.	Rússia	US$ 1,47 tri
11.	Índia	US$ 1,43 tri
12.	Espanha	US$ 1,37 tri
13.	Austrália	US$ 1,22 bi

Fonte: Fundo Monetário Internacional (www.imf.org).
Acesso em: fev. 2011.

Por sua vez, um bem ou serviço final é aquele que não é utilizado como insumo na produção de outros, isto é, todo aquele cujo valor não fará parte do valor de outros bens ou serviços. Assim, evitamos tanto duplicidades quanto omissões. Mas note que um mesmo tipo de bem pode ser final ou não, a depender do uso que fazemos dele. Garrafas de água mineral compradas pelas famílias são um bem final, pois não farão parte de nenhum processo produtivo e seu valor não estará contido no valor de outros bens. Mas, se as mesmas garrafas tiverem sido compradas por um restaurante, elas farão parte do valor do serviço prestado por essa empresa e, portanto, não serão bens finais (serão insumos).

Figura 9

PIB BRASILEIRO EM R$ BILHÕES DE 2009, SÉRIE TRIMESTRAL (1991-2010)

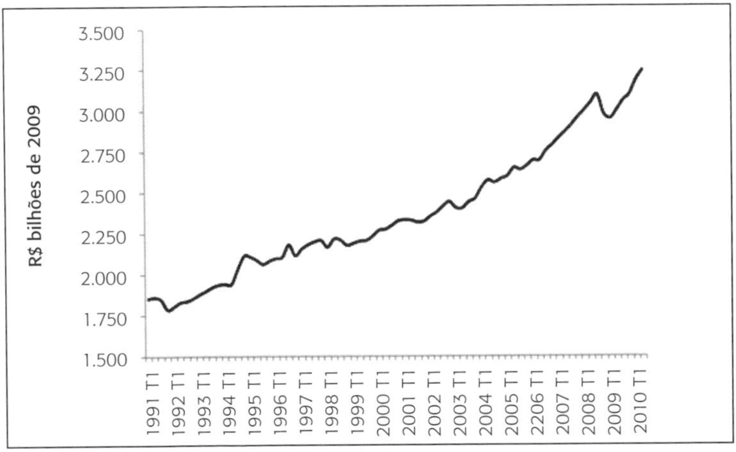

Fonte: Ipeadata, a partir de dados do IBGE (www.ipeadata.gov.br). Acesso em: out. 2010.

Por fim, para que seja possível avaliar como evolui o PIB ao longo do tempo, é preciso desconsiderar o efeito da inflação. Afinal, o valor da produção pode estar se elevando de um ano para outro por mera influência da alta de preços. Os institutos de pesquisa responsáveis pelo cálculo, depois de estimarem o valor do PIB, descontam o efeito da inflação em cada segmento. Com isso, quando é divulgado que o PIB teve um crescimento de 5%, por exemplo, sabemos que isso corresponde ao crescimento da produção física de bens e serviços, o chamado crescimento real do PIB. A figura 9 mostra a evolução do PIB brasileiro entre 1991 e 2010 em valores monetários, já descontada a influência da inflação.

Uma forma alternativa de evitar duplicidade no cálculo do PIB é considerar o valor da produção de cada empresa (vamos chamá-lo de VP) descontado dos valores dos insumos (VI), isto é, dos valores dos bens e serviços adquiridos de outras empresas e profissionais. Chega-se assim a um conceito também muito comentado e de grande importância: valor agregado (VA), já apresentado no capítulo 2. Se somarmos o VA de todas as empresas em operação em determinado país, chegaremos ao mesmo valor do PIB, apurado segundo a definição anterior. O quadro 5 resume ambas as formas de estimativa.

Quadro 5

Produto Interno Bruto e Renda Interna Bruta (resumo)

Produto Interno Bruto	Renda Interna Bruta
Seu valor monetário corresponde ao somatório dos valores dos bens e serviços finais produzidos dentro das fronteiras de um país (ou região) em determinado período.	O valor da renda total gerada em um país (ou região) em determinado período corresponde ao somatório dos valores agregados em todas as atividades produtivas dentro das fronteiras em determinado período.
O PIB real (isto é, descontada a inflação) permite avaliar a evolução da produção de bens e serviços ao longo do tempo, sem duplicidades nem omissões.	A RIB real (isto é, descontada a inflação) corresponde ao total de lucros, salários, impostos, juros, aluguéis etc. gerados dentro das fronteiras de um país (ou região) em dado período.

É possível comparar o valor dos PIBs (ou RIBs) de países diferentes em dado momento em dólares correntes, como no quadro 6. Ao longo do tempo, é possível comparar a evolução dos PIBs de diferentes países por meio da taxa de crescimento real, isto é, já descontada a inflação. A metodologia desses indicadores foi concebida para que, seja qual for o período, valha sempre a igualdade entre PIB e RIB.

Quadro 6

RENDA *PER CAPITA* EM PAÍSES SELECIONADOS
US$ CORRENTES DE 2010*

Média mundial		US$ 8.751
1.	Noruega	US$ 84.640
2.	Luxemburgo	US$ 76.810
3.	Suíça	US$ 67.064
4.	Dinamarca	US$ 55.113
5.	Austrália	US$ 54.869
6.	Suécia	US$ 47.667
7.	Emirados Árabes	US$ 47.406
8.	EUA	US$ 47.132
9.	Holanda	US$ 46.418
10.	Canadá	US$ 45.888
11.	Irlanda	US$ 45.642
12.	Áustria	US$ 43.723
13.	Finlândia	US$ 43.134
49.	Chile	US$ 11.587
54.	Rússia	US$ 10.521
55.	Brasil	US$ 10.471
61.	México	US$ 9.243
62.	Argentina	US$ 8.663
95.	China	US$ 4.283
137.	Índia	US$ 1.176
182.	Burundi	US$ 177

* Não inclui paraísos fiscais como Mônaco e Luxemburgo.
Fonte: Fundo Monetário Internacional (www.imf.org).
Acesso em: fev. 2011.

A vantagem de estimar o PIB pelo somatório dos VAs é que teremos, em paralelo ao indicador de produção, um indicador da renda gerada na economia. Isso porque, para qualquer empresa, profissional ou segmento, se subtrairmos do valor da produção (VP) o valor dos pagamentos aos fornecedores de insumos (VI), o que sobra é o total de renda gerada. Essa renda, ou valor agregado, será apropriada ou pelos trabalhadores, por meio de salários, ou pelos empresários, por meio de lucros, ou pelo governo, por meio de tributos, ou pelos diferentes capitalistas que emprestaram recursos para aquela atividade, por meio de aluguéis, juros, *royalties* etc. Em resumo, o valor do PIB de um país também corresponde ao valor da Renda Interna Bruta (RIB), da forma como resumido no quadro 5.

Um conceito derivado do PIB (e da RIB), de grande interesse para exercícios de construção de cenários, é a renda *per capita*. Ao contrário do que muitos imaginam, ela não corresponde ao PIB por habitante. Isso porque muitas empresas que operam em um país remetem renda para fora na forma de lucros e juros, por exemplo. Mas o mesmo país também pode receber rendas remetidas por seus cidadãos que emigraram, entre outras. Se ajustarmos o PIB subtraindo a renda enviada e somando a renda recebida do exterior, chegamos a um conceito próximo: o Produto Nacional Bruto (PNB), o qual também é idêntico à Renda Nacional Bruta (RNB). Dividindo a RNB pela população, aí sim, chegamos à famosa renda *per capita*. O quadro 6 mostra os níveis de renda *per capita* em alguns países do mundo, o principal indicador de bem-estar material de um país.

Flutuações de curto prazo e crescimento de longo prazo

Uma vez compreendido o principal indicador de desempenho macroeconômico — o PIB —, é preciso tratá-lo segundo dois diferentes focos temporais já citados na seção anterior: o curto e o longo prazo. Realizar essa distinção entre diferentes períodos de análise é o objetivo mais importante desta seção.

Como vimos na seção "Uma visão preliminar da esfera macroeconômica", o comportamento do PIB de um país tem diferentes determinantes de curto e de longo prazo. No curto prazo, as oscilações da atividade econômica, muitas vezes chamadas de flutuações cíclicas ou ciclo de negócios, dependem da demanda agregada. Isso é válido tanto no nível macroeconômico quanto para qualquer empresa. Afinal, o resultado de curto prazo de qualquer organização depende de suas vendas período a período. Já no longo prazo, nem a economia como um todo, nem a mais simples padaria de bairro poderão crescer sem investimento produtivo, isto é, ampliação ou modernização de sua capacidade instalada.

Mas o investimento na produção amplia somente o potencial de oferta de bens e serviços. O nível de operação efetivo dependerá sempre da demanda. A figura 10 mostra de forma esquemática as relações entre o ciclo de negócios e o crescimento de longo prazo, fenômenos relacionados à demanda agregada e à oferta agregada, respectivamente.

Figura 10

Representação do PIB ao longo do tempo: potencial e observado

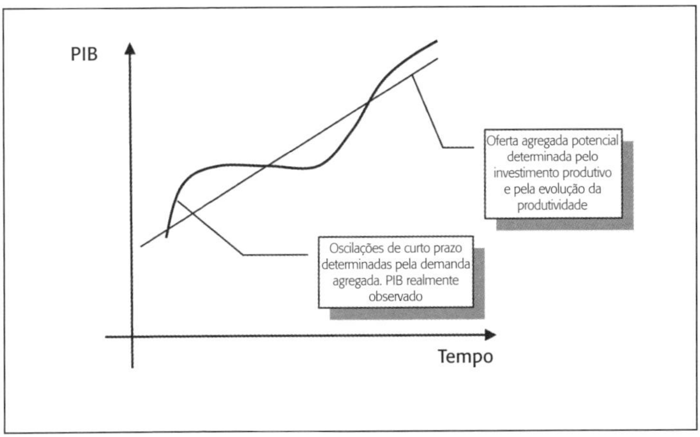

Chegamos, assim, a um ponto de grande interesse para a construção de cenários macroeconômicos. Se estivermos analisando um horizonte de tempo mais curto, um ano, no máximo, devemos nos concentrar no que deve acontecer com a demanda agregada. Em outras palavras, cenários macroeconômicos de curto prazo são futuros possíveis para o comportamento da demanda por bens e serviços como um todo. Por sua vez, cenários para um horizonte mais longo, mais de um ano à frente, devem focar o comportamento do investimento produtivo, isto é, do potencial de oferta de bens e serviços dado pela evolução da capacidade instalada e da produtividade, produção por trabalhador ou por unidade de capital físico.

No curto prazo, as empresas e profissionais liberais têm quatro fontes de demanda:

- a despesa das famílias com bens e serviços ou consumo das famílias (C);
- os gastos do governo com custeio (G), como o pagamento do funcionalismo público ativo ou as compras feitas junto a fornecedores;[5]
- o investimento produtivo, ou seja, a aquisição de equipamentos (bens de capital), estoques e construção de infraestrutura e moradias novas, que tanto pode ser realizado pelas empresas do setor privado como pelo governo (I no caso do investimento privado e I_G no caso do investimento do governo);
- a aquisição dos bens e serviços produzidos no país pelos residentes no exterior, isto é, as exportações de bens e serviços (X).

[5] Uma observação pertinente é que, quando o governo paga aposentadoria ou benefícios sociais, esse valor não é contabilizado no PIB simplesmente porque não há produção. É uma mera transferência de renda — o governo coleta impostos de uns e transfere para outros.

Desta soma, devemos subtrair:

- a aquisição de bens e serviços produzidos no exterior por residentes no país, quer dizer, as importações de bens e serviços (M). Isso porque parte de todo o consumo (C), dos gastos do governo (G), do investimento produtivo (I e I_G) e mesmo das exportações (X) contém itens importados, isto é, que geraram demanda não para nossas empresas, mas para empresas situadas no exterior.

No longo prazo, o crescimento do potencial produtivo da economia vai ocorrer em função dos seguintes fatores:

- Os trabalhadores têm mais máquinas, equipamentos, estruturas de trabalho e acesso a infraestrutura, como portos e estradas. Nesse caso, o investimento produtivo ($I + I_G$) disponibilizou mais capital físico para a produção.
- Os trabalhadores se tornam mais hábeis através da educação, da experiência profissional ou de outras formas de aquisição de capital humano. Dessa forma, possuindo mais conhecimento, eles podem utilizar o capital físico de modo mais eficiente. Essa é uma forma menos tangível de investimento produtivo.
- Novas tecnologias produtivas e novas técnicas de organização das empresas tornam os processos mais eficientes, outra forma intangível de investimento.
- Ou, por fim, as próprias instituições do país podem avançar, reduzindo elementos como corrupção, violência e burocracia, gerando ganhos de eficiência generalizados.

Em suma, para que uma economia aumente sua produção ao longo do tempo, é necessário haver investimento,[6] seja em

[6] Muita atenção! Em economia, a palavra "investimento" se refere sempre à aquisição de ativos produtivos: máquinas, equipamentos, instalações, realização de obras de infraestrutura, aquisição de conhecimento (aquisição de capital humano), muito embora

capital físico, em capital humano, em tecnologia ou em capital institucional. O quadro 7 sintetiza os elementos da demanda e da oferta agregadas.

Quadro 7
DEMANDA E OFERTA AGREGADAS E SEUS DETERMINANTES

Demanda agregada PIB observado		Oferta agregada PIB potencial	
Componentes	Consumo Investimento Gastos do governo Exportações Importações	Nível de atividade potencial	
Fatores de Influência	Taxa de juros Nível de emprego Crédito Decisões políticas Expectativas de lucro Taxa de câmbio Demanda mundial	Investimento em capital físico e humano Melhorias técnicas Avanços institucionais	Fatores de influência

Como se vê, a questão crítica para o crescimento de longo prazo é o investimento produtivo que corresponde a projetos de expansão ou modernização da capacidade produtiva de empresas e pessoas. E todo projeto desse tipo, para se tornar realidade, precisa de fontes de financiamento. Em economia, o *funding* que torna realidade projetos de investimento é chamado de poupança.[7]

o uso mais comum dessa palavra se refira à aquisição de ativos financeiros. Neste livro, sempre que a palavra "investimento" for utilizada sem nenhuma qualificação, estará se referindo ao "investimento produtivo", ou seja, à aquisição de ativos produtivos, e não às aplicações financeiras.

[7] Novamente, muita atenção! Em economia, a palavra "poupança" não se refere exclusivamente à caderneta de poupança. Esse termo é usado, genericamente, para "a parcela da renda não consumida" a qual, intermediada pelo sistema financeiro, serve para financiar projetos de investimento. Um aluno de MBA que abra mão de jantar

Os projetos de investimento de uma economia podem ser financiados internamente por recursos provenientes de duas fontes: a poupança das famílias (S) e a poupança do governo (S_G).

A poupança de uma família é o que resta de sua renda após o gasto com consumo e pagamento de impostos, enquanto a poupança do governo é a eventual sobra de arrecadação, depois de deduzidos os gastos do governo com o custeio da máquina administrativa (G) e com o pagamento de juros da dívida pública.

Países como o Japão têm volumes de poupança tão altos que acabam resultando em dois desequilíbrios: excedentes de bens e serviços (devido ao consumo muito menor do que a produção) e excedentes de capital (devido aos altos níveis de poupança). Países assim acabam se tornando grandes exportadores, tanto de bens e serviços quanto de capitais. No outro extremo estão diversos países emergentes como o Brasil que, por terem níveis insuficientes de poupança ($S + S_G < I + I_G$), tendem a ter déficits no comércio exterior e, ao mesmo tempo, grandes ingressos de capital estrangeiro (ou poupança externa, S_X).

A peça fundamental para promover esse ajuste é o sistema financeiro. Bancos japoneses, por exemplo, podem emprestar seu excedente de captação a empresas e governos no Brasil. Graças a isso, é sempre válida a igualdade: $I + I_G = S + S_G + S_X$.

Em outras palavras, o valor dos projetos de investimento do setor privado (I) e do governo (I_G) é financiado por recursos que têm origem ou na poupança das famílias (S), ou na poupança do governo (S_G), ou nos ingressos de capital estrangeiro (S_X).

---

com a família algumas vezes no ano, economizando recursos para pagar seu curso, provisionou parte de sua renda, poupou, isto é, abriu mão do consumo, para investir, isto é, adquirir o ativo intangível que é o certificado de pós-graduação.

Um detalhe de interesse é que, em países muito poupadores, o valor de S_X é negativo, pois esses países são exportadores tanto de bens e serviços quanto de capitais.

A figura 11 ilustra o contraste entre dois países hipotéticos. O país A tem oscilações de curto prazo (ciclo de negócios motivados por alterações na demanda agregada) que ocorrem em torno de uma tendência de longo prazo mais favorável do que o país B. Isso significa que os níveis de poupança e investimento são maiores no país A.

Figura 11

Ciclo de negócios e PIB tendencial em países hipotéticos

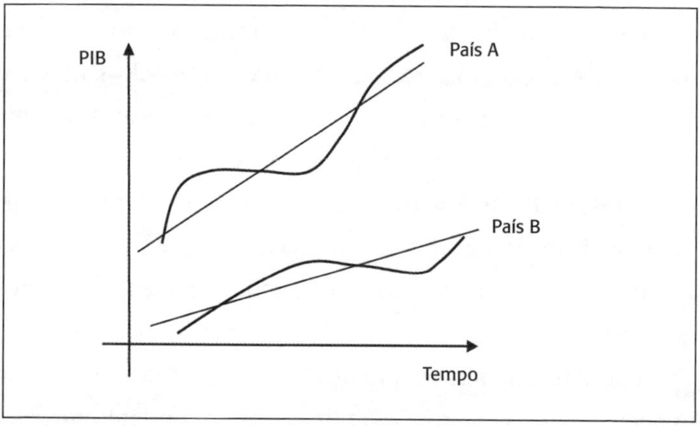

Exemplos ilustrativos são China, onde o investimento corresponde a cerca de 40% do PIB, e Brasil, onde o investimento é da ordem de 18% do PIB.[8] Esse percentual é chamado de taxa de investimento. Se um país como o nosso registrasse taxas de crescimento da demanda da ordem de 10% como a China, rapidamente veríamos esgotada a ociosidade das empresas e correríamos o risco iminente de "apagões" dos mais variados.

[8] Percentuais aproximados para 2010.

Assim, só faz sentido imaginar cenários de crescimento mais intenso e sustentado no Brasil no futuro caso nossos níveis de investimento também aumentassem de forma consistente. Dados nossos níveis de capital humano, tecnologia e avanços institucionais, estima-se que seria necessário ter uma taxa de investimento de 23% para sustentar o PIB crescendo 5% ao ano no Brasil. Caso pudéssemos ter uma mão de obra mais qualificada (mais capital humano), empresas mais inovadoras (mais tecnologia) ou instituições melhores, poderíamos crescer mais com a mesma taxa de investimento ou, alternativamente, precisaríamos de menos investimento físico para alcançar o crescimento de 5% anuais. Essas relações são a base dos cenários para o crescimento do PIB focados no longo prazo.

Determinantes das flutuações do PIB no curto prazo

Depois de identificarmos os elementos que compõem o PIB, bem como sua relação com as flutuações de curto prazo e o crescimento de longo prazo, podemos analisá-los mais de perto. A questão que queremos responder é: o que determina os altos e baixos da demanda e, portanto, a dinâmica da atividade econômica trimestre a trimestre? Este é o tema desta seção.

Boa parte das empresas realiza exercícios de cenarização macroeconômica de curto prazo. Elas mesmas projetam como deverá ser o comportamento do PIB (e de outras macrovariáveis) nos meses à frente ou compram relatórios com análises de cenário de consultorias. Gerando seus próprios cenários ou adquirindo-os no mercado, toda empresa ou profissional liberal deve estar em condições de compreender a relação entre as variáveis macroeconômicas e seu impacto sobre seu próprio ambiente de operação.

Vimos que a tendência de longo prazo é função do PIB potencial, cuja ampliação depende da taxa de investimento da economia. Mas a flutuação no curto prazo é um fenômeno de demanda agregada. Assim, para avançarmos em direção a cenários macroeconômicos de curto prazo, podemos expressar os componentes do PIB a partir da ótica da demanda da seguinte forma:

Figura 12

O PIB NA ÓTICA DA DEMANDA AGREGADA E SEUS COMPONENTES

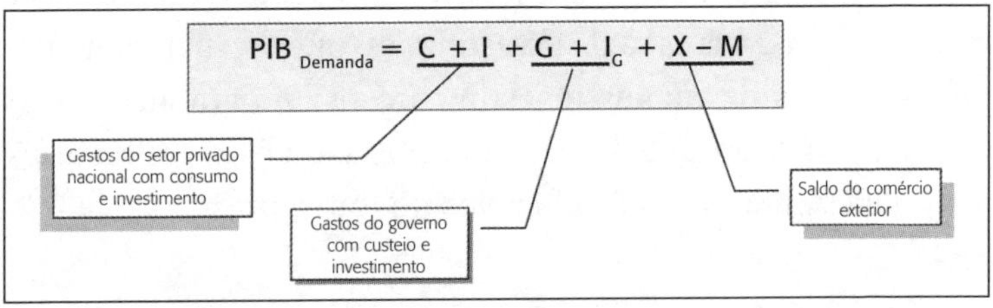

Em outras palavras, o ciclo de negócios é uma consequência de variações nos gastos do setor privado nacional com consumo e investimento somados aos gastos do governo com custeio e investimento público e com os gastos que os estrangeiros realizam liquidamente adquirindo produtos feitos no país (saldo do comércio exterior de bens e serviços).

Traçar cenários de curto prazo para a atividade econômica exige que se compreendam os determinantes de cada um desses elementos e a influência da política econômica sobre os diferentes componentes da demanda agregada.

Determinantes do consumo das famílias

Na maior parte dos países do mundo, o consumo é o principal componente do PIB. Esse é o componente C da figura 12. No Brasil, esse componente responde por cerca de 60% da demanda agregada. O principal determinante das decisões de gasto com consumo é o próprio nível de renda das famílias.

Isso cria uma importante relação de *feedback* entre o PIB e o consumo. Nos momentos em que a atividade econômica está crescendo, a alta do PIB acaba estimulando as empresas a empregarem mais trabalhadores. Isso impulsiona o consumo que, por sua vez, volta a estimular o crescimento do PIB.

Um aspecto interessante é que o consumo também depende das expectativas de renda futura. Em geral, quando existe a ameaça de recessão, muitas famílias adiam a compra de bens duráveis que, muitas vezes, são adquiridos a crédito por puro medo de se tornarem inadimplentes. Isso pode gerar quedas importantes da demanda, derrubando o PIB e tornando a recessão uma profecia autorrealizada. Por isso, monitorar as expectativas dos consumidores por meio de indicadores como o Índice de Confiança do Consumidor da FGV (ICC) é fundamental para a construção de cenários.

Por fim, os níveis de consumo são muito afetados pelas taxas de juros. De um lado, juros altos estimulam o adiamento das compras de bens e serviços pelas famílias, que passam a aproveitar a oportunidade de ganhos no sistema financeiro. De outro, o encarecimento do crédito faz com que muitos consumidores não consigam conciliar o tamanho das parcelas com seus níveis de renda.

Não é por outra razão que o Banco Central age em momentos nos quais a demanda agregada cresce excessivamente e as empresas passam a aumentar seus preços. Esse tema será tratado em mais detalhes adiante.

Determinantes do investimento privado

O investimento privado é o componente I da figura 12. Como vimos, investir é um termo que, em linguagem econômica, significa adquirir ativos produtivos, sejam máquinas e equipamentos, instalações ou conhecimento (capital humano).

E toda decisão de adquirir um ativo produtivo, tangível ou intangível, visa ao retorno. Um aluno de MBA, por exemplo, espera ver recompensado o gasto feito com o curso na forma de um maior fluxo de renda ao longo da vida. Da mesma forma, um empresário, avaliando a viabilidade de um projeto de expansão da capacidade produtiva, costuma analisar as variáveis financeiras básicas como período de *pay back* e taxa interna de retorno estimados.

Portanto, as decisões privadas de investimento dependem fundamentalmente do confronto entre as expectativas de retorno futuro e o custo presente do capital. Em momentos de crise, essas expectativas se tornam mais incertas e os empresários podem preferir esperar, adiando seus projetos e gerando queda de demanda para as empresas fornecedoras de máquinas, equipamentos, instalações, *hardwares*, treinamento etc. Da mesma forma, quando a taxa de juros se eleva, esses mesmos empresários podem concluir que os ganhos no sistema financeiro são mais atrativos que os retornos (incertos) de seu próprio empreendimento, o que também derruba esses gastos.

A característica mais interessante do investimento é que ele é, ao mesmo tempo, um componente da demanda agregada no presente, pois representa compras de bens de capital, e o fundamento do crescimento futuro do PIB. Muitas vezes, em momentos nos quais a taxa de juros está sendo elevada para conter o consumo, os governos disponibilizam linhas de crédito especiais para a aquisição de bens de investimento a fim de não comprometer o crescimento do PIB.

Determinantes dos gastos do governo com custeio e investimento público

Em princípio, como vimos, os gastos públicos podem ser de duas espécies. Podem ser compras que o governo realiza junto a fornecedores de bens e serviços de todo tipo: pagamentos a empresas de telefonia, fornecedores de material de escritório, de alimentos para a merenda escolar ou do café servido nas repartições públicas. Esses são chamados gastos de custeio da "máquina administrativa". Nessa categoria também incluímos os pagamentos de salários e outros benefícios ao funcionalismo. Por analogia, é como se o governo comprasse serviços de seus empregados. Representamos todos esses gastos pela letra G na figura 12 e no quadro 8. No Brasil, esses gastos respondem por cerca de 20% da demanda total na economia.

Além disso, o governo também gera demanda na economia por meio de seus gastos com investimento, representado por I_G na figura 12 e no quadro 8. São pagamentos feitos às construtoras, no caso das obras públicas, a fornecedores de equipamentos de TI, no caso da compra de computadores para uma escola, e assim por diante.

Mas, se os gastos do governo somados são fonte de demanda, o governo também arrecada recursos na forma de impostos, taxas e contribuições. Vamos chamar a arrecadação total do governo de T, forma adotada no quadro 8. Como os tributos reduzem a renda do setor privado, isto é, dos contribuintes, aumentos da carga tributária são potenciais redutores da demanda agregada.

Sempre que o total de gastos do governo com custeio e investimento excede a arrecadação ($G + I_G > T$), dizemos que o governo incorreu em déficit primário. Mas existe ainda mais um gasto realizado pelo setor público: o pagamento de juros aos credores da dívida pública (J). Pode haver momentos em que o governo tem superávit primário ($G + I_G < T$). Mas, se o pagamento de juros superar esse excedente, haverá o que chamamos de déficit nominal ($G + I_G + J > T$). O quadro 8 resume esses elementos. Toda vez que falamos da gestão dos gastos públicos ou da arrecadação, estamos no mundo da chamada política fiscal, tema tratado com mais detalhes adiante, neste capítulo.

Quadro 8

CONCEITOS FUNDAMENTAIS DAS CONTAS PÚBLICAS

Resultado primário	Resultado global ou nominal
Receitas tributárias (T) menos gastos com custeio (G) e investimento do governo (I_G) $T - (G + I_G)$	Receitas tributárias (T) menos gastos totais do governo com custeio (G), investimento do governo (I_G) e juros da dívida pública (J) $T - (G + I_G + J)$ ou $[T - (G + I_G)] - J$ Isto é: resultado primário – juros
Haverá déficit primário quando $T < (G + I_G)$ Haverá superávit primário quando $T > (G + I_G)$	Haverá déficit nominal quando $T < (G + I_G + J)$ Haverá superávit nominal quando $T > (G + I_G + J)$

Na mídia, é comum a afirmação: "O superávit primário é a provisão de recursos feita pelo governo para o pagamento dos juros da dívida pública". De fato, observando a definição de resultado nominal (ou global) acima, nota-se que o superávit primário pode ser gerado para compensar a necessidade de pagamento de juros aos credores do governo.

Sempre que há déficit nominal, isso significa que, no todo, o governo gastou mais do que arrecadou. Por isso, o déficit nominal também é chamado de "necessidade de financiamento do setor público". Isso porque, sempre que há déficit nominal, o governo precisa obter novos empréstimos para honrar seus compromissos. Assim, o déficit nominal acaba resultando em aumento da dívida pública. Por outro lado, sempre que há superávit nominal, o governo ou estará resgatando parte de sua dívida ou adquirindo ativos, reduzindo liquidamente seu endividamento.

Em resumo, a política fiscal pode interferir sobre o comportamento do PIB no curto prazo tanto pelo lado dos gastos (geradores de demanda) quanto pelo lado dos tributos (cuja elevação, por exemplo, reduz a capacidade de consumo das famílias).

Determinantes do saldo do comércio exterior de bens e serviços

Como sabemos, o comércio exterior pode ser uma importante fonte de demanda para as empresas de um país. As exportações de bens (mercadorias) e serviços (turismo, por exemplo) são um dos componentes da demanda agregada e são representados por X na figura 12. Porém, é preciso levar em conta que as importações representam uma demanda gerada dentro do país, mas que se desvia para o estrangeiro na forma de importações de bens (mercadorias) e serviços (turismo de nacionais no exterior, por exemplo), representadas por M na figura 12. O efeito líquido sobre a demanda agregada, portanto, será o saldo do comércio externo de bens (balança comercial) e serviços (balança de serviços), isto é, X – M na figura 12.

O primeiro dos três determinantes desse saldo é o nível de atividade dentro do país. Quando os níveis de emprego e renda estão em alta, tanto as famílias quanto as empresas tendem a adquirir mais bens (de consumo, no caso das famílias, e bens intermediários e de capital, no caso das empresas). E, como parte desses bens vem do exterior, as importações tendem a crescer, reduzindo o saldo do comércio externo.

O segundo determinante é o nível de atividade no exterior ou demanda mundial. Por analogia com o que se passa no mercado interno, é de se esperar que uma recessão nos países de destino de nossas exportações reduza a demanda pelos bens que produzimos. Com menos vendas ao exterior, isto é, com queda nas exportações, nosso saldo também será menor.

Por fim, um elemento fundamental é a taxa de câmbio, ou seja, a cotação do dólar (ou outra moeda estrangeira de referência) em nosso mercado. Sempre que o câmbio baixa, isto é, a cotação do dólar cai, os preços dos produtos estrangeiros tendem a ficar mais baixos em relação aos dos produtos nacionais.[9] Isso estimula as importações e, ao mesmo tempo, reduz o ganho dos exportadores. Estes últimos, que vendem produtos cotados em dólares, receberão menos moeda nacional por cada dólar recebido, o que tende a diminuir seus lucros. No sentido oposto, a alta do dólar faz com que os exportadores sejam melhor remunerados e os produtos importados se tornem mais caros, favorecendo o saldo comercial. Ao mesmo tempo, se o dólar vale mais em termos da moeda nacional, os turistas estrangeiros serão estimulados a ingressar no país, pois nossos preços estarão menores em comparação ao dólar, e isso tenderá a favorecer a balança de serviços.

Como veremos, nos países que adotam o chamado regime de câmbio flutuante, as variações cambiais são determinadas por um simples mecanismo de oferta e demanda. Seja como for, as variações cambiais afetam diretamente o saldo do comércio externo e, desse modo, têm impacto sobre a demanda agregada. Portanto, cenários para o desempenho do comércio exterior devem considerar esses três elementos: o desempenho da demanda interna e externa e o câmbio.

---

[9] A rigor, é preciso considerar a elevação dos preços dos bens e serviços tanto no próprio país quanto no exterior. Quando corrigimos as variações na taxa de câmbio pelas inflações interna e externa, estamos considerando a chamada taxa de câmbio real, isto é, os movimentos dos preços dentro e fora do país convertidos para uma mesma moeda pela taxa de câmbio nominal.

A influência do governo por meio da política econômica

Ao discutirmos os determinantes de cada componente da demanda agregada, vimos brevemente que a ação do governo pode ter influência sobre eles. Nesta seção, a ação do governo e sua influência sobre as oscilações de curto prazo do PIB serão vistas com mais detalhe. Como regra, essa ação governamental visa a três objetivos:

- no longo prazo, estimular o investimento (capacidade produtiva potencial) e, portanto, sustentar níveis mais elevados de crescimento do PIB;
- no curto prazo, evitar que as oscilações do PIB gerem pressões inflacionárias, quer dizer, situações em que a demanda agregada cresça acima da capacidade produtiva, ou desemprego, que surge quando o baixo crescimento da demanda gera excesso de ociosidade.

O estímulo ao investimento e ao crescimento de longo prazo pode ser realizado tanto por meio de um tratamento diferenciado para as compras de bens de capital (tributos reduzidos e linhas de crédito especiais) quanto pela ação direta do governo por meio do investimento público (I_G).

No entanto, como regra, os projetos de investimento do setor privado tendem a ser mais eficientes. Por isso, uma das melhores formas pelas quais os governos podem estimular o crescimento de longo prazo é garantindo a estabilidade econômica e social e garantindo acesso à educação por parte de toda a população. Diversos estudos (World Bank, 2005) têm comprovado que educação e fatores institucionais, como redução da burocracia e da corrupção, são vitais para o crescimento de longo prazo.

No curto prazo, a ação da política econômica no sentido de evitar flutuações excessivas do nível de atividade costuma ser mais eficaz. E um dos canais de influência da política econômica de maior impacto é a política monetária.

No Brasil, como em outros países desenvolvidos e emergentes, foi adotado em 1999 o chamado regime de metas para a inflação. Essa é uma forma simples e eficaz de monitorar e evitar flutuações excessivas do PIB. O Banco Central monitora o comportamento de um indicador de inflação (ver quadro 9) visando mantê-lo dentro de limites máximos e mínimos definidos com bastante antecedência; dois anos, no caso brasileiro. Caso a inflação comece a subir ameaçando superar o limite máximo, o Bacen eleva a taxa de juros básica. Como essa é a taxa que remunera os títulos públicos federais, os bancos passam a realocar recursos antes alocados para o crédito, destinando-os à compra daqueles papéis. A escassez de crédito derruba o consumo, principal componente da demanda agregada, criando um contexto no qual se torna mais difícil para as empresas subirem seus preços. Se a inflação convergir para a meta, o Bacen pode voltar a reduzir os juros. Se a inflação cair excessivamente, ameaçando ficar abaixo dos limites da meta, a autoridade monetária conclui que a demanda agregada está baixa demais. Com isso, corta os juros para estimular os bancos a ofertarem crédito em lugar de comprarem títulos públicos.

Note que o Banco Central usa a inflação como um indicador indireto da atividade econômica. Excessos de demanda geram pressões inflacionárias e demanda baixa demais gera pressão por desemprego. Assim, a fixação da taxa de juros básica pelo Bacen busca impedir ambos os males. A figura 13 mostra a relação entre inflação (IPCA), metas e taxa de juros (Selic) no Brasil nos anos recentes. Em 2004, a meta para o IPCA era de 5,5%, com um intervalo de tolerância de dois pontos percentuais para mais e para menos. A partir de 2005, a meta baixou para 4,5%, também com desvio tolerado de dois pontos.

Quadro 9

Principais índices de preço no Brasil e suas características principais

Órgão responsável	Índice	Componentes	Faixa de renda em salários mínimos	Área geográfica	Período de apuração*	Dia de divulgação	Ano de início da série
IBGE	IPCA-15	Não há	1 a 40	11 Regiões Metropolitanas**	Dia 15 MA a dia 14 MR	Até dia 25	2000
	IPCA				Dia 1 MR a dia 30 MR	Até dia 15	1979
	INPC		1 a 6				
FGV	IGP-10	IPA-10 IPC-10 INCC-10	O IPC da FGV é calculado para a faixa entre 1 e 33	O IPC da FGV é calculado em 12 Áreas Metropolitanas (além das 11 pesquisadas pelo IBGE, inclui também Florianópolis)	Dia 10 MA a dia 9 MR	Até dia 20	1994
	IGP-M	IPA-M IPC-M INCC-M			Dia 21 MA a dia 20 MR	Até dia 30, com prévias nos dias 10 e 20	1989
	IGP-DI	IPA-DI IPC-DI INCC-DI			Dia 1 MR a dia 30 MR	Até dia 10	1944
Fipe-USP	IPC-Fipe	Não há	1 a 20	Região Metropolitana de São Paulo	Dia 1 MR a dia 30 MR	Até dia 10	1939

* MR = mês de referência; MA = mês anterior.

** São Paulo, Rio de Janeiro, Belo Horizonte, Porto Alegre, Curitiba, Salvador, Recife, Fortaleza e Belém do Pará, além de Goiânia e Brasília. Nestas duas últimas, a pesquisa se restringe a cada uma das cidades pela inexistência de região metropolitana.

Figura 13

Brasil: inflação, metas de inflação e Selic

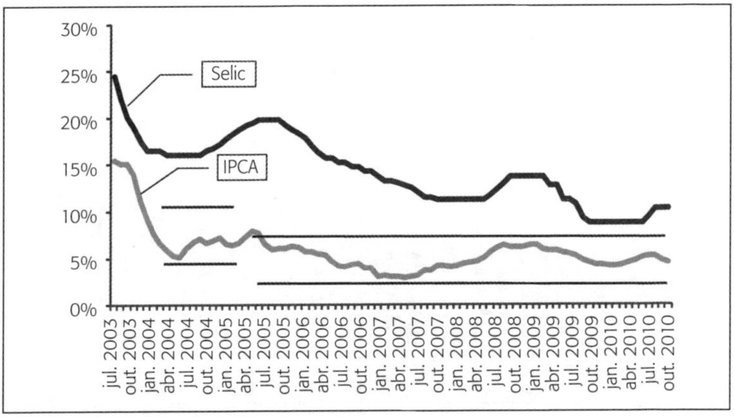

Fonte dos dados originais: Banco Central e IBGE.

Monitorar o comportamento da inflação é fundamental para projetar o que o Bacen fará com a Selic e, portanto, com todo o custo do crédito na economia. Momentos de crescimento muito intenso da demanda tendem a gerar pressões inflacionárias e, enquanto o PIB não passar a crescer em linha com a capacidade produtiva, o cenário mais provável de curto prazo é o de juros em alta ou mantidos elevados.

A segunda linha de ação da política econômica no curto prazo são os instrumentos fiscais. O aumento desses gastos pode ser usado em momentos nos quais o governo deseja estimular a atividade econômica. É o que se chama política fiscal expansionista. Efeito semelhante pode ser obtido reduzindo impostos. No primeiro caso, é o governo quem toma decisões de gastos favorecendo seus fornecedores ou os próprios funcionários públicos. No segundo caso, o governo visa estimular o gasto privado, elevando a renda disponível das famílias ao cortar impostos ou realizar transferências (pagar aposentadorias mais elevadas ou realizar programas de renda mínima, por exemplo), ou tornando certos bens mais baratos pela desoneração.

Do mesmo modo, o governo pode usar a política fiscal como elemento de apoio à ação do Banco Central. Assim, o combate à inflação levado a efeito por meio de uma alta de juros pode ser complementado com cortes de gastos públicos ou aumento de impostos, isto é, uma política fiscal contracionista (ou restritiva) que também favoreça a redução do consumo.

O cuidado a tomar com políticas fiscais expansionistas se refere ao comportamento da dívida pública. Déficits elevados nas contas do governo geram grandes necessidades de tomada de empréstimos. Há casos nos quais o sistema financeiro simplesmente não tem interesse em comprar títulos públicos por considerar a dívida pública elevada demais. É como se o governo chegasse a seu limite de crédito. Nesses casos, alguns governos recorrem à emissão monetária irresponsável e inflacionária. Outros, simplesmente deixam de pagar compromissos com o setor privado e entram em insolvência (calote). Assim, para projetar na forma de cenários a capacidade de o governo estimular a demanda com políticas fiscais expansionistas, é preciso monitorar a trajetória da dívida pública. No Brasil, essa dívida, mensurada como percentual do PIB (forma tradicional de avaliação do indicador), vem caindo de forma quase contínua desde 2003, tendo passado de quase 50% no início do período para pouco mais de 40% em 2010.[10]

Por fim, existe a possibilidade de influenciar a demanda agregada através das políticas cambial e de comércio exterior. A primeira, a cargo do Banco Central, e a segunda, responsabilidade de órgãos específicos do governo.

Como mostra o quadro 10, existem três padrões de atuação do Banco Central no mercado de câmbio. No regime de livre flutuação, como é o caso da União Europeia, o Bacen é simples-

[10] Estimativa feita pelos autores em outubro de 2010.

mente proibido de realizar qualquer intervenção no câmbio. A taxa de câmbio flutua livremente por causa das forças de mercado, isto é, os ingressos ou saídas de moeda estrangeira.

Em alguns poucos países do mundo, por exemplo na China, ao menos até 2010 a taxa de câmbio é fixa, isto é, o Banco Central está sempre pronto a comprar ou vender a moeda estrangeira a uma dada cotação. Ninguém compraria dólares com ágio, pois poderia dirigir-se ao Banco Central e adquirir a moeda americana ao preço fixado. E ninguém venderia dólares com deságio, pois teria a alternativa de vender ao Banco Central à cotação oficial. Como regra, pequenas diferenças para mais ou para menos em relação à cotação fixa são toleradas. Em outras ocasiões, o nível da taxa de câmbio é alterado, mas novamente fixado.

Quadro 10

TIPOLOGIA DOS REGIMES CAMBIAIS MAIS RELEVANTES NO MUNDO

- *Regime de câmbio flutuante* (puro): União Europeia. O Bacen é proibido de intervir no mercado cambial.
- *Regime de flutuação administrada*: Brasil. O Bacen permite as flutuações e evita apenas oscilações muito intensas.
- *Regime de câmbio fixo*: China. O Bacen está sempre presente e impede as flutuações.

Por fim, países como o Brasil (desde 1999) adotam o regime de flutuação administrada ou flutuação suja. É um meio-termo entre aqueles dois extremos. O Bacen permite flutuações, mas impede oscilações muito acentuadas ou repentinas, uma vez que estas poderiam gerar grandes perdas a pessoas e empresas que tenham recebíveis ou dívidas em moeda estrangeira.

Esta última é uma característica muito importante para projeções de cenários de curto prazo. Quando países como o Brasil, que adotam o regime de flutuação administrada, vivem bons momentos no cenário internacional, atraindo volumes expressivos de capital estrangeiro, o excesso de oferta de dólares derruba a cotação em nosso mercado. Nesse ambiente, o cenário mais provável é o de queda na taxa de câmbio. Mas o Bacen costuma intervir para que a queda ocorra de forma suave. Nesses casos, é comum ocorrer um erro de avaliação. Nesse regime, quando o Bacen intervém evitando a queda abrupta do câmbio, esse ação costuma durar poucos dias e, às vezes, apenas algumas horas. Isso porque o patamar da taxa de câmbio deve ser determinado pelas livres forças de mercado. O objetivo do Bacen é apenas dar tempo para os agentes econômicos. Uma ação complementar, tomada pelo governo, poderia ser alterar a tributação sobre os ingressos de capital estrangeiro. Isso preserva o regime de flutuação administrada, mas pode conter a oferta de dólares eventualmente considerada excessiva.

A crise financeira internacional e a construção de cenários macroeconômicos

Nesta seção, veremos a importância da análise macroeconômica para a avaliação e eventual correção das ações estratégicas das empresas. Esse é um exercício cotidiano e estritamente aplicado. Afinal, a macroeconomia é manchete dos jornais quase que diariamente.

A crise financeira iniciada em 2008 oferece um bom exemplo do uso prático da técnica de construção de cenários aplicada ao ambiente macroeconômico e serve como um caso prático e ilustrativo para reunir todo o conteúdo apresentado neste capítulo até aqui. Aquele foi um claro momento de ruptura. Mas algumas tendências estavam em claro movimento, antes e depois do estopim da crise com a quebra do banco Lehman Brothers, em setembro daquele ano.

Em primeiro lugar, o ritmo de crescimento de alguns indicadores econômicos era explosivo e insustentável. Os preços internacionais do petróleo, por exemplo, chegaram à marca de US$ 140 o barril. Três anos antes, representantes da Organização dos Países Exportadores de Petróleo (Opep) tinham fixado como preço-alvo do cartel o valor de US$ 27 o barril, já considerado excessivo por muitos analistas. Também em 2008, empresas do setor de mineração estavam impondo a seus clientes reajustes de mais de 50% em dólares. Ao mesmo tempo, as condições de crédito muito favoráveis estavam gerando altas recordes nos preços dos imóveis e das ações nos EUA. No Brasil, o ingresso de capitais estrangeiros havia derrubado a taxa de câmbio e impulsionado a Bovespa que, antes da crise, havia superado a marca de 73 mil pontos. Era claramente um superaquecimento apoiado em forte expansão do crédito nos países desenvolvidos.

Quando a crise se explicitou, todos esses indicadores oscilaram fortemente. No Brasil, o câmbio subiu com força e o Banco Central não conseguiu deter a alta. Os preços internacionais das *commodities* despencaram e o Ibovespa perdeu nada menos do que metade de seu valor.

Algumas análises previam que o PIB brasileiro poderia ter uma queda de até 5%, em linha com o que ocorria em alguns países do mundo. De fato, pela primeira vez na história desde 1945, o PIB mundial apresentou variação negativa, caindo cerca de 0,5%. Mas o PIB brasileiro ficou praticamente estável, contrariando as projeções mais pessimistas. Por quê?

As análises que anteciparam melhor o impacto modesto da crise sobre a economia brasileira partiram dos seguintes elementos:

- Ao contrário de países como Japão, Alemanha e Coreia, a participação das exportações de bens e serviços no PIB é limitada (em torno de 15%). Assim, uma queda muito forte na demanda mundial não deve ter impacto tão intenso sobre a atividade econômica como um todo.

- O volume de crédito no Brasil é baixo. No momento da crise, algo perto de 40% de nosso PIB. Em países como os EUA, esse percentual é de mais de 100%. Assim, a escassez abrupta de crédito que se seguiu à crise não deve gerar um impacto tão intenso.
- O número de famílias brasileiras com ações em seu patrimônio é extremamente limitado. Assim, a queda forte da Bovespa também não deve ter grande impacto em termos de restrição ao consumo. Nos EUA, ao contrário, muitas famílias estavam tomando empréstimos para comprar ações e, com a crise, simplesmente "quebraram".
- As contas públicas no Brasil, muito ao contrário de países como Grécia, Itália ou Portugal, melhoraram continuamente desde 2003. Assim, no momento da crise, havia grande espaço para medidas fiscais expansionistas como aumento de gastos e cortes de impostos.
- O sistema financeiro brasileiro é extremamente conservador quando comparado, por exemplo, ao norte-americano. Nossos bancos, no momento da crise, tinham operações sólidas e as instituições mais frágeis já haviam saído de cena desde as medidas de consolidação do sistema, adotadas mais de 10 anos antes.
- Por fim, o consumo no Brasil responde por uma fatia expressiva do PIB. Medidas de estímulo teriam grande impacto para sustentar a demanda, sobretudo se os níveis de emprego fossem preservados com benefícios fiscais direcionados às cadeias que empregam muitos trabalhadores, como a construção civil e a automobilística.

Como sabemos, sem uma caracterização adequada do ambiente atual, não é possível compreender o impacto das tendências em curso, dos elementos de ruptura e nem a dinâmica que permite a construção consistente de cenários.

O governo, de fato, adotou medidas fiscais expansionistas, acelerando seus gastos e cortando impostos. Ao mesmo tempo, o Banco Central baixou rapidamente a taxa Selic, amparado tecnicamente na queda da inflação. Essa queda, por sua vez, foi resultado tanto da redução no ritmo de crescimento da demanda agregada quanto da baixa nos preços das *commodities*. Com isso, o nível de emprego global sofreu muito pouco com a crise. Famílias que não sofrem o desemprego, contam com crédito barato e são motivadas por cortes de impostos tendem a sustentar o consumo. E foi o que ocorreu. Em plena crise mundial, a indústria automobilística bateu recordes de vendas.

O comportamento do investimento foi claramente pior. Isso porque, como vimos, as decisões de investimento visam ao retorno e, diante do forte agravamento da incerteza, diversos projetos foram adiados. A ação corretiva nesse aspecto foi adotada pelo Banco Nacional de Desenvolvimento Econômico e Social (BNDES). Em julho de 2009, o banco passou a oferecer linhas de financiamento com taxas de juros extremamente generosas para a aquisição de bens de capital. Muitos empresários viram naquelas medidas, potencializadas pelos cortes de impostos, uma oportunidade única de aquisição de máquinas e equipamentos.

Em meados de 2009, antes que o estopim da crise completasse um ano, os cenários macroeconômicos começaram a ser revistos, incorporando doses maiores de otimismo. Os níveis de emprego tinham, de fato, oscilado muito pouco e não havia sinal algum de crise financeira.

O otimismo se instalou definitivamente quando até os fluxos de capital estrangeiro começaram a voltar ao país, elevando o Ibovespa e derrubando, novamente, a cotação cambial.

Mas, passada a crise, o Banco Central passou a projetar um cenário tão otimista para o desempenho da economia brasileira em 2010 que, por paradoxal que pareça, exigia outras medidas corretivas. Dessa vez, no sentido de frear a demanda. Enquanto países como a Grécia entravam em colapso fiscal, no Brasil, a discussão passou a ser a remoção das medidas de estímulo.

A aceleração rápida da demanda agregada a partir de meados de 2009 fez com que o país voltasse a experimentar pressões inflacionárias. Isso exigiu do Banco Central sucessivas elevações da Selic a fim de não comprometer o cumprimento da meta inflacionária. A crise parecia definitivamente superada. Mas nossos baixos níveis de investimento produtivo passaram a cobrar seu preço, isto é, ressurgiram os pontos de estrangulamento da capacidade instalada das empresas e a inflação se tornou a principal ameaça.

Nessa breve descrição da evolução do ambiente econômico brasileiro, nota-se que o principal agente a utilizar a técnica de cenários foi o setor público. Afinal, cabia aos formuladores da política econômica responder com agilidade à crise. Mas o mesmo exercício foi feito por diversas empresas e por seus estrategistas.

Seja como for, sem a correta compreensão dos mecanismos econômicos e das peculiaridades da economia brasileira, muitos analistas olharam para nossa economia construindo paralelos indevidos com os países mais avançados. A lógica dominante era algo como "se a crise é tão ruim nos países mais ricos, deverá ter efeitos péssimos sobre o Brasil". Infelizmente, essas análises não fizeram o uso adequado de todo o material de reflexão que estamos expondo neste livro.

Em resumo...

O ambiente macroeconômico possui alguns mecanismos básicos cujo conhecimento é fundamental para o planejamento com cenários. A grande vantagem é que esses mecanismos são muito semelhantes em todas as economias de mercado e, portanto, a análise da macroeconomia pode ser feita segundo os mesmos padrões em diferentes partes do mundo. Em qualquer país, juros altos são instrumento de combate à inflação e exigem que os governos cortem outros gastos para não comprometer em excesso a trajetória de seu endividamento.

O grande obstáculo, como vimos, se refere à aplicação da teoria econômica sem o devido conhecimento das peculiaridades de cada país. Esse é um desafio especialmente relevante para empresas transnacionais. É muito comum que seus executivos olhem para nossa economia com uma visão muito comprometida por suas referências anteriores tanto nos países mais avançados quanto em outros mercados emergentes.

Muitas vezes, os erros na construção de cenários macroeconômicos decorrem do conhecimento inadequado das peculiaridades de cada economia.

No capítulo seguinte, ao tratarmos do alinhamento estratégico no âmbito do planejamento com cenários, as variáveis macroeconômicas voltarão a aparecer, mas apenas como elementos coadjuvantes, pois o foco voltará a ser centrado no ambiente de operação das empresas.

Desafio

Ao longo do ano de 2010, a taxa de câmbio caiu acentuadamente no Brasil. Alguns analistas afirmaram que isso era consequência da política monetária, que foi orientada para frear o consumo diante da alta da inflação. Esses mesmos analistas afirmaram que, se o governo realizasse uma política fiscal restritiva, seria possível reduzir juros sem descuidar do combate à inflação. Como consequência, o câmbio voltaria a subir. Diante disse, procure responder à seguinte questão: enfim, reunindo todos esses elementos, por que cortes de gastos públicos poderiam acabar resultando indiretamente na alta do dólar? Afinal, esse pode ser um cenário macroeconômico relevante no futuro.

4 Alinhamento estratégico: monitorando e eliminando *gaps*

Ajuste a vela segundo a forma com que sopra o vento.
Plauto (*Epidicus*, 49)

Depois de todo o conteúdo apresentado neste livro até aqui, você, leitor, deve estar convencido de que o planejamento com cenários representa uma abordagem a um só tempo rica e desafiadora. E o maior de todos os desafios está na origem, isto é, na adoção efetiva dessa abordagem. Isso porque essa técnica apenas se inicia com a construção de cenários. As maiores tarefas vêm depois.

Neste capítulo, vamos tratar do problema do alinhamento estratégico, isto é, da correção de rumos necessária ao longo do processo de planejamento com cenários. Elementos como a posição atual e os recursos disponíveis se referem ao presente. Por sua vez, a posição desejada e os cenários propriamente ditos são o futuro antevisto de forma criativa. Mas o alinhamento estratégico é a ponte que une esses dois extremos. Nossa principal referência teórica é a chamada Abordagem da Firma Baseada em Recursos ou *Resource-Based Approach* (Henry, 2007).

> Ao longo deste capítulo, dedique atenção especial aos seguintes elementos de análise: contraponto entre modelo de negócio e ideia de negócio, competências distintivas, acesso a recursos estratégicos, *gaps* de competência e de acesso a recursos, regras para a definição de metas, mapas de transformação como ferramentas de monitoramento, novas tendências de comportamento do consumidor e análise DART para a busca de alinhamento estratégico.

Modelo de negócio versus ideia de negócio

O alinhamento estratégico consiste, como vimos, na adoção de ações corretivas levadas a efeito sempre que necessário, isto é, sempre que alteramos o cenário-base ou quando notamos que não estamos reunindo os recursos e as competências necessários para que a empresa atinja sua posição desejada no futuro.

Em outras palavras, o alinhamento estratégico deve ocorrer sempre que forem detectados desvios entre a meta traçada e o caminho que a empresa ou o projeto estão seguindo. Tais desvios, por sua vez, podem decorrer de insuficiências no modo de agir da empresa ou de alterações no próprio ambiente.

Mas essa atividade de correção de rumos exige, além de flexibilidade, a definição de uma ideia de negócio, quer dizer, de uma compreensão sobre o funcionamento da empresa, de suas características típicas, das competências que dão suporte a seu sucesso atual ou almejado no futuro. Ações corretivas exigem que esse *modus operandi* seja bem conhecido, tanto em termos da posição desejada quanto da posição atual e, através do comparativo de ambas, dos *gaps* que devem ser eliminados, tanto em termos de competências quanto de acesso a recursos estratégicos.[11]

Mas o conceito de ideia de negócio não corresponde a simples modelos de negócio. Este último é um termo mais geral. Afinal, empresas diferentes podem seguir o mesmo modelo de negócio, atuando com sucesso ou não. Podemos falar do mo-

[11] Competências distintivas e recursos estratégicos são termos típicos da chamada Abordagem da Firma Baseada em Recursos. Em alguns casos, o que chamamos de "competências distintivas" corresponde ao que alguns autores de estratégia chamam de "competências essenciais". Do mesmo modo, nosso conceito de "posição desejada" se relaciona com o de "intenção estratégica" no sentido empregado por autores como Hamel e Prahalad (1995). A Abordagem Baseada em Recursos utiliza um vocabulário próprio, mas estritamente complementar aos termos de estratégia empresarial.

delo McDonald's ou do modelo Casas Bahia. Mas o conceito de ideia de negócio é próprio de cada empreendimento, de cada projeto, de cada profissional e de cada empresa e, portanto, está associado à inovação. É a ideia de negócio que oferece resposta a questões do tipo:

- O que estamos fazendo bem feito sem que nossos concorrentes consigam imitar com facilidade e como estamos fazendo isso?
- O que temos de fazer no futuro e como devemos atuar para termos sucesso em nosso negócio, atingindo a posição que desejamos em nosso segmento, dados os cenários que traçamos?

Heijden (2009, cap. 5) sugere que a ideia de negócio é o que estimula os investidores a apostarem em uma empresa, seja em razão do sucesso atual ou da expectativa de sucesso futuro. E esse sucesso, se ocorrer, decorrerá da adequação entre as competências da empresa, o que ela sabe fazer bem, os recursos estratégicos, ou seja, elementos tangíveis ou intangíveis acessados pela empresa, seus *inputs* mais relevantes, e as necessidades, expectativas e desejos de seus clientes.

Os casos de maior sucesso em geral acontecem quando as competências da empresa ou do profissional, isto é, as habilidades próprias que distinguem esses agentes de seus concorrentes, são difíceis de imitar por algum motivo. Essas habilidades são as competências distintivas[12] (Henry, 2007; Heijden, 2009). Bons exemplos são:

[12] Heijden (2009) sugere que o termo "competências essenciais", muito comum em estratégia empresarial, não ressalta a questão da dificuldade de imitação, fundamental no conceito de ideia de negócio. Pode-se dizer, então, que uma competência distintiva é uma competência essencial com baixo grau de imitabilidade.

- capacidade de construir e preservar reputação;
- capacidade de criar e defender o valor da marca;
- capacidade de gerenciar redes de fornecedores, distribuidores e franqueados;
- capacidade de manter bom relacionamento com clientes, conquistando fidelidade;
- uso eficiente de conhecimento técnico e tecnológico;
- princípios e valores;
- tecnologia intangível contida em equipes e processos eficientes.

Mas, além de saber fazer bem (competências essenciais) e melhor (competências distintivas), as empresas precisam ter acesso aos recursos necessários para que seu negócio crie e sustente vantagens competitivas, resultando na geração de maior valor, ao longo do tempo, para os agentes envolvidos: os *stakeholders*.

Um palestrante, por exemplo, pode ter todas as competências necessárias para encantar grandes plateias. Mas, se tiver acesso à mídia de massa, aí sim poderá se tornar um comunicador de sucesso com um cachê alto. Se esse sucesso não vem, resta procurar fechar o hiato entre ele, e suas habilidades, e o recurso necessário, ou seja, a mídia de massa.

Do mesmo modo, o centro de P&D de uma empresa pode ter concebido um produto excelente e totalmente revolucionário. Mas, se os custos fixos de produção forem elevados, não haverá geração de valor caso a empresa não tenha acesso ao capital financeiro necessário para deslanchar o projeto. A questão é: a empresa tem condições de fechar o *gap*? Nos casos em que a resposta é não, é comum que a inovação seja patenteada e, depois, vendida para outra organização que tenha acesso aos recursos necessários. Como regra, os recursos estão portas a fora da empresa, enquanto as competências estão portas a dentro (ou incorporadas na pessoa do profissional liberal).

Em poucas palavras, pode-se dizer que competências se relacionam com o *know-how* do negócio, o saber fazer contido em seus processos internos.

Já os recursos se relacionam com o *know-where* ou *know-whom*, isto é, devem ser buscados, adquiridos, obtidos junto a terceiros regularmente ou licenciados. Disso decorre que o fator essencial é ter acesso a recursos, bloqueando, sempre que possível, o acesso dos concorrentes.

Por exemplo, a fidelidade dos clientes é um recurso no sentido em que estamos empregando, pois se refere a algo que está fora da empresa e cujo acesso exige a competência de saber construir um bom relacionamento com esses clientes, ou seja, formas de atuação das equipes de vendas, padrões de qualidade no atendimento, diferenciação de produtos, valores éticos etc.

Imagine uma empresa com capital (recurso) e *know-how* (competência ou tecnologia) impedida de ingressar em um dado mercado devido a restrições legais como monopólios estatais. O sucesso do negócio está impedido por uma barreira de acesso ao recurso mais óbvio: o próprio mercado. Ou ainda uma construtora ou incorporadora de outro estado que queira ingressar no mercado paulistano, mas que não tem capital suficiente para adquirir terrenos (recurso), cujos preços tenham se elevado em excesso. A mudança na legislação, no primeiro caso, ou a busca de parcerias, no segundo, seriam formas de eliminar o *gap* de acesso a recursos.

Alguns exemplos de sucesso bem conhecidos de empresas que reúnem competências distintivas e acesso adequado a recursos são organizações como a Embraer, com competência técnica e reputação; a Pfizer, proprietária de patentes de medicamentos;

a Vale, proprietária de jazidas; e a Petrobras, que detém acesso a reservas e à tecnologia necessária para prospectar em águas muito profundas.

Mas existem outros exemplos menos brilhantes. Uma pequena lanchonete de aeroporto pode gerar valor para seus donos pelo simples fato de não ter concorrentes. Se existir um contrato que lhe garante exclusividade na área do aeroporto, ela reunirá uma competência, um saber oferecer o serviço no local, e também terá acesso privilegiado à demanda cativa dos passageiros que transitam por ali. Note que a qualidade do serviço prestado e dos produtos vendidos pode ser péssima, mas a análise baseada em recursos se aplica bem.

Do mesmo modo, um simples barbeiro pode ter conquistado a fidelidade de seus clientes que, talvez, até acreditem que seriam mais bem atendidos por outro profissional, mas não querem assumir o custo de mudança de ter de explicar como querem seu cabelo cortado, correndo o risco de alguns erros durante o processo de aprendizado mútuo, sendo este mais um exemplo de *lock in*. Esse profissional tem a competência distintiva necessária (domina a técnica, seu capital pessoal intangível) e tem acesso privilegiado a um recurso estratégico (conhece as preferências de seus clientes).

A figura 14 sintetiza o conceito de ideia de negócio adaptado a partir de Heijden (2009), relacionando-o com a questão dos *gaps* de competência e o acesso a recursos estratégicos. Qualquer negócio de sucesso precisa começar pela reunião das competências necessárias para atender de forma diferenciada as expectativas de um conjunto de clientes em potencial, sejam necessidades ou simplesmente desejos. Uma formação universitária, o treinamento de equipes de venda, o desenvolvimento de processos eficientes são exemplos de formas para reunir essas competências portas a dentro do negócio.

Figura 14

REPRESENTAÇÃO DO CONCEITO DE IDEIA DE NEGÓCIO

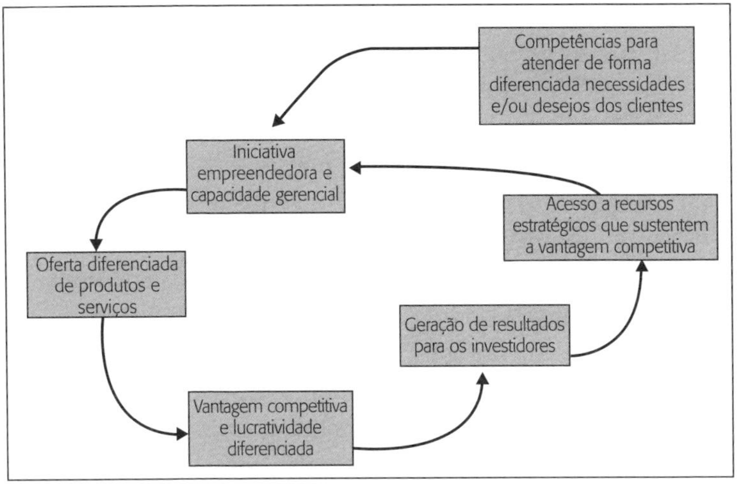

Em seguida, é preciso organizar esses elementos de forma criativa, empreendedora e bem gerida, o que deve resultar em uma oferta diferenciada. Mas, para isso, é preciso reunir recursos estratégicos àquelas competências distintivas. Um médico especialista em determinada área, atendendo em um consultório bem localizado e bem administrado, é um exemplo. A formação em medicina e a capacidade de gestão são competências, e o consultório bem localizado é um recurso estratégico. Uma loja franqueada instalada em um bom shopping center, com boa equipe de balconistas e que é bem servida pelos fornecedores, é outro exemplo. O acesso a profissionais competentes, o ponto de venda no shopping e a própria franquia são exemplos de recursos estratégicos. Mas a administração da loja e da própria cadeia de suprimentos é uma competência.

A boa gestão das competências distintivas, isto é, difíceis de imitar, e do acesso aos recursos estratégicos resulta em lucratividade, gerando valor para os investidores. Bons resultados financeiros garantem o acesso renovado aos recursos estratégicos que voltam a se combinar com as competências distintivas aprimoradas com o aprendizado empresarial. O médico pode realizar cursos para se aperfeiçoar e conseguir continuar pagando o aluguel caro de um bom consultório. O dono da loja do shopping pode pagar bons salários aos funcionários, garantindo um atendimento de qualidade, ou mesmo expandir sua rede de lojas, ganhando visibilidade e reforçando sua marca.

Note que o acesso a recursos estratégicos é vital para a renovação do ciclo. Mas, como veremos adiante, a relevância de recursos e competências deve ter foco nas expectativas do cliente final. O alinhamento estratégico que corrige e sustenta a ideia de negócio não pode estar centrado nos processos e nas cadeias em si, pois a geração de valor depende da avaliação do cliente. A figura 15 ilustra alguns exemplos de combinações diferentes entre competências distintivas e recursos estratégicos.

Figura 15

EXEMPLOS DE COMBINAÇÕES ENTRE COMPETÊNCIAS E RECURSOS

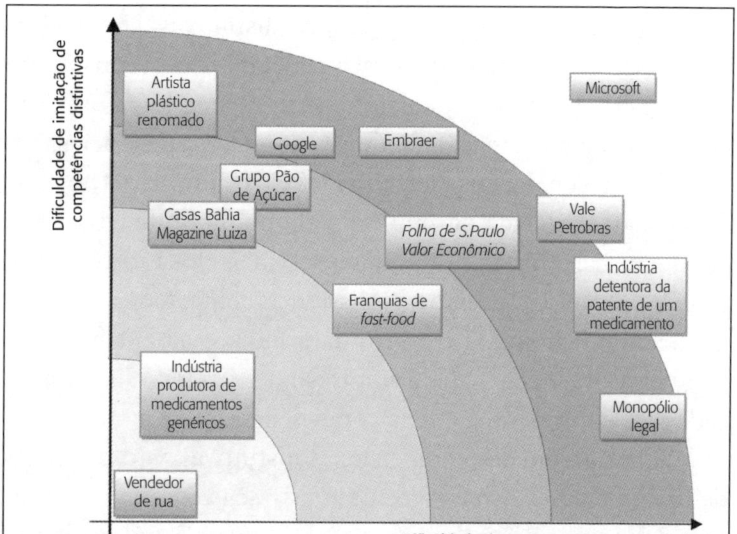

Em um dos limites, temos um vendedor de rua, um ambulante informal. Os recursos necessários para esse negócio são fáceis de acessar e as habilidades necessárias são muito simples. Não se pode dizer que esse seja um bom exemplo de ideia de negócio, pois as possibilidades de inovação e de oferta diferenciada são quase nulas. Por sua vez, um artista plástico renomado em geral não se diferencia por ter acesso diferenciado a recursos. Sua ideia de negócio se baseia quase que totalmente em suas habilidades pessoais.

Em outro extremo, temos empresas do setor de mineração como a Vale e a Petrobras. Além de dominarem amplamente o *know-how* em suas atividades, isto é, ter competências, essas organizações têm acesso a recursos, isto é, jazidas que impedem o acesso simultâneo de concorrentes. Outras empresas têm acesso a recursos semelhantes, mas não às mesmas jazidas. É uma característica típica do setor. Já a Microsoft tem acesso a recursos fundamentais como a marca e a fidelidade de seus clientes, além de reconhecida competência em produzir softwares.

Já uma empresa como a Embraer se distingue muito mais por suas competências do que pelo acesso a recursos. Seus fornecedores também vendem itens como partes e peças para outras montadoras de aeronaves e, portanto, o acesso não pode ser bloqueado. Ainda assim, a marca e a fidelidade já conquistada são recursos que fazem a diferença para a empresa.

Um caso interessante se refere à indústria farmacêutica. Uma vez desenvolvido e patenteado um novo medicamento, ele se torna um recurso cujo acesso está temporariamente bloqueado aos concorrentes. Mas, gerada a inovação, o grau de competência necessário para a produção não é o ponto fundamental da ideia de negócio. Em 2010, laboratórios brasileiros conseguiram na Justiça a antecipação do vencimento da patente do Lipitor, medicamento desenvolvido pela Pfizer há cerca de 10 anos. Isso mostra que esses laboratórios, especializados em genéricos, tinham a competência necessária para produzir a atorvastatina, princípio ativo do Lipitor, uma vez que tivessem acesso ao recurso, isto é, uma vez quebrada a patente.

Esse comparativo entre diversas empresas e suas ideias de negócio mostra que, como regra, um recurso estratégico torna-se realmente relevante quando a empresa consegue fazer uso dele de forma peculiar, lançando mão de suas competências distintivas. Por exemplo:

- *O recurso é escasso*. Uma rede de hotéis instala uma de suas unidades em um ponto da costa com vista privilegiada; combinando esse recurso com a excelência na qualidade do serviço, consegue cobrar tarifas muito altas, mantendo a satisfação dos clientes e gerando valor para os investidores.
- *O recurso gera mais valor na empresa do que nos concorrentes*. Imagine uma cervejaria que tem acesso a uma água mineral com características especiais. Outros concorrentes também podem adquirir esse insumo, mas a empresa soma o acesso a esse recurso com sua marca e sua capacidade de gerenciar processos e cadeias de distribuição, gerando mais valor pela combinação desses elementos. O mesmo ocorre com um executivo que é contratado por uma grande empresa que esteja mais sintonizada com seu estilo e sua forma pessoal de trabalhar. Essa empresa tem uma competência, seu modelo de gestão, que torna o potencial desse executivo, um recurso, mais valioso para ambos.
- *A imitação é possível, mas muito lenta*. Um *designer* projeta móveis inovadores, feitos com materiais de alta qualidade; o *design* pode ser imitado e os materiais podem ser comprados, uma vez que não há barreira de acesso aos recursos, mas os imitadores estão sempre atrasados, sempre vêm depois que o novo conceito é lançado. Esse é um tipo interessante de *path dependence* com mecanismos de reforço, pois um

artista premiado pode ter se tornado formador de opinião e, quanto mais sucesso fizer, mais sua posição se cristaliza. Um exemplo brasileiro de destaque é o *designer* de móveis brasileiro Sérgio Rodrigues, ganhador de um importante prêmio na Itália em 1961 com sua Poltrona Mole ou *Sheriff*, e que passou a ser referência em sua área desde então.

- *A substituição é possível, mas difícil*. Mais uma vez, estamos tratando dos custos de mudança, isto é, da ocorrência de *lock in*. Como vimos, o padrão dos programas da Microsoft gerou tamanha fidelidade que é custoso para a maioria dos usuários substituir seus programas, abrindo mão desse padrão e tendo de se adaptar a outro, ainda que possam existir alternativas potencialmente mais interessantes em temos de softwares e sistemas operacionais.

A questão é: dadas as tendências em curso e os exercícios de cenarização, será preciso alinhar a estratégia empresarial, buscando desenvolver novas competências ou procurando acessar novos recursos? Ou, alternativamente, o que será preciso fazer para defender a atual vantagem competitiva do negócio e sua capacidade de geração diferenciada de valor?

Este é o elemento síntese da busca de alinhamento estratégico. A figura 16 sintetiza o conceito de alinhamento estratégico de forma ampla (Heijden, 2009). É nesse ponto que a análise de cenários e a abordagem baseada em recursos melhor se completam.

Uma ideia de negócio pode envelhecer e perder eficácia a depender das características do ambiente empresarial no futuro. Sustentar vantagens competitivas que se materializem em retorno diferenciado para os donos do capital requer que a ideia de negócio seja continuamente adaptada às modificações que as forças motrizes impõem ao ambiente. Em outras palavras, o potencial inovador e a capacidade empreendedora precisam ser renovados ao longo do alinhamento estratégico.

Figura 16

REPRESENTAÇÃO GERAL DO PROCESSO DE MONITORAMENTO E ALINHAMENTO ESTRATÉGICO

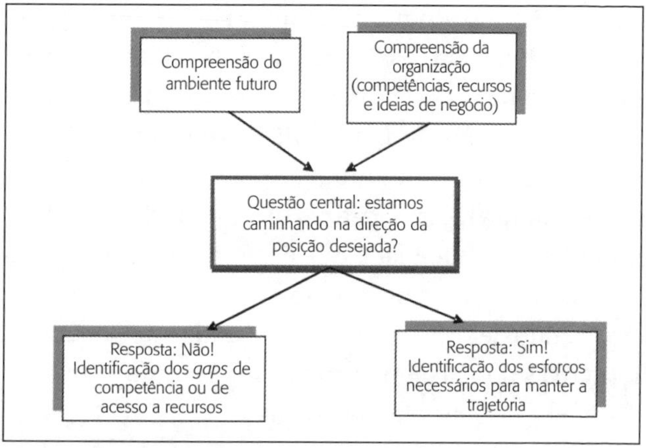

Portanto, em poucas palavras: projetar cenários, imaginando futuros possíveis, significa buscar antecipar que tipo de jogo será disputado no futuro, mantendo ou buscando as competências e o acesso a recursos que poderão fazer a diferença mais adiante. Por fim, diferentes combinações entre competências e recursos resultam em diferentes ideias de negócio.

Objetivos e marcos para o alinhamento estratégico

É importante que você, leitor, observe que a discussão feita até aqui sobre alinhamento estratégico não pode abrir mão de uma dada antevisão do futuro do ambiente empresarial e de como a empresa deverá se inserir nele. Nesta seção, vamos tratar de algumas ferramentas úteis para avaliar o caminho da empresa entre uma dada posição competitiva e sua posição desejada no futuro, algo essencial para o alinhamento estratégico.

Nesse sentido, Turban e colaboradores (2009) destacam que o alinhamento estratégico só será eficaz se a performance desejada no futuro for explicitada de maneira clara. Em outros termos, a posição desejada pela empresa deve ser caracterizada por objetivos bem definidos, sejam eles estipulados para a empresa como um todo, para uma unidade de negócio específica ou mesmo para um projeto individual.

Por sua vez, Schaffer (2010) alerta para a necessidade de cuidado na definição de objetivos. A maneira de fixá-los é algo fundamental para avaliar corretamente a necessidade de alinhamento estratégico. Mas existem ao menos sete erros que devem ser evitados a todo custo:

- estabelecer objetivos demais;
- não definir com clareza um cronograma de aproximação;
- não ousar por receio de que as equipes estejam sobrecarregadas;
- não atribuir claramente responsabilidades relacionadas ao alcance dos objetivos;
- deixar implícita uma posição condicional do tipo "o objetivo deverá ser atingido se for possível";
- aceitar encargos reversos por parte dos responsáveis pelas metas, algo como "a meta será atingida desde que a organização faça sua parte";
- estabelecer objetivos não mensuráveis.

O estabelecimento de muitos objetivos ao mesmo tempo pode gerar inúmeras dificuldades para o alinhamento estratégico. A primeira delas é a possibilidade de conflito. Aumentar margem de lucro em 10% e, simultaneamente, ampliar o *market share* de uma empresa podem ser metas incompatíveis, sobretudo em momentos de baixo crescimento macroeconômico, no qual o aumento do volume de vendas possa exigir preços e margens menores. Outro problema recorrente é a dispersão de esforços. Objetivos múltiplos podem fazer com que cada equipe ou cada unidade de negócio de uma mesma empresa se preocupe mais atentamente com uma meta específica, negligenciando outras. Esse costuma ser um jogo no qual todos perdem.

A indefinição de um cronograma de aproximação tem relação direta com nossa discussão preliminar, feita no capítulo 1. O alcance de uma posição desejada se dá, como regra, por etapas. Sem esse cronograma, corre-se o risco de manter as rotinas até que a data fatal esteja muito próxima. Mas, então, talvez já não haja correção de rumos possível. Mais ainda, o alinhamento estratégico é um processo de aprendizado. Objetivos intermediários, com marcos temporais bem definidos, obrigam a organização a refletir sobre os avanços já alcançados (Prahalad e Krishnan, 2008, cap. 8).

Manter as equipes em suas zonas de conforto, estabelecendo metas tímidas, é outro grande erro. O planejamento com cenários é usado em muitos casos como uma forma de desafiar os envolvidos na busca da posição desejada. Rotinas de trabalho tendem a ser uma grande armadilha, prendendo as pessoas envolvidas por elas em um contínuo padrão mental do tipo *business-as-usual*. Mover a organização da posição atual para a posição desejada tem de ser algo que exija um esforço adicional e atividades incomuns, caso contrário já poderia ter sido feito dentro da rotina. Mas, ao mesmo tempo, todos os envolvidos devem perceber com clareza que serão beneficiados com a geração de valor, isto é, precisam estar motivados da forma mais elementar (Ramaswamy e Gouillart, 2010:105).

A atribuição de responsabilidades é outro elemento crucial. O envolvimento no planejamento com cenários deve ser coletivo. Mas o cumprimento das metas deve ter uma face (ou algumas poucas faces), ou seja, a "cara" de alguém. Todos devem remar em direção à meta, mas o leme deve estar nas mãos de um piloto conhecido.

Objetivos estabelecidos com a cláusula "se possível" têm grandes chances de não serem cumpridos. Afinal, sempre se poderá alegar que "não foi possível", especialmente se, para atingi-los, vai se exigir um esforço adicional e fora da rotina. A formulação deve ser ao contrário: se a meta não for atingida, então o responsável deverá explicar por que não foi possível.

Os encargos reversos são uma forma de tornar os obstáculos impessoais. Se um objetivo estratégico, atribuído como responsabilidade a determinada pessoa ou equipe, não é atingido e a justificativa é que "a organização não nos deu as condições necessárias", então, quem foi o responsável pelo descumprimento? Para que esses encargos reversos não sejam colocados na definição de objetivos, é preciso deixar clara a eventual existência de *gaps* de competência ou de acesso a recursos desde o início do planejamento com cenários.

Por fim, objetivos estratégicos devem ser algo estritamente tangível. Ter como meta simplesmente "melhorar a satisfação do cliente" é algo muito difícil de mensurar, a menos que se tenha uma pesquisa de satisfação. Da mesma forma, um objetivo como "ser uma empresa de referência no setor" é algo muito fluido. Se o planejamento com cenários também é um método de motivação, é preciso dizer com clareza o que é que se está buscando. Assim, ter como objetivo ser uma das cinco melhores organizações do setor segundo o *ranking* de determinada publicação é uma meta bastante palpável e de mensuração direta.

Na maior parte dos casos, estabelecer objetivos intermediários e marcos temporais para sua verificação constitui a melhor forma de caminhar no sentido da posição desejada. Em grandes projetos de infraestrutura, por exemplo, os marcos naturais são dados pelo cronograma de execução e as metas intermediárias se relacionam com as diferentes etapas da obra. Em outros casos, como o objetivo de elevação da rentabilidade da empresa em determinado horizonte temporal, pode-se usar como referência os diversos exercícios financeiros, os balanços anuais ou semestrais publicados pela empresa.

O mais importante a destacar são sempre as causalidades. Por exemplo: uma empresa de autopeças visa a um aumento do volume de vendas de 15% em cinco anos. Já no primeiro ano, as vendas crescem 4%. Parece ser uma ótima notícia! Em princípio, seria possível dizer que estamos caminhando bem. Mas suponha que, naquele ano, tenha havido forte crescimento do PIB e que o próprio segmento de autopeças tenha crescido 5%. É evidente que essa performance não foi positiva em termos relativos e, provavelmente, também não deve ter resultado primordialmente de ações adotadas no sentido de atingir a posição desejada. Da mesma forma, se o ano tiver sido de recessão, com queda na produção do segmento, um crescimento de 4% terá sido expressivo.

Uma ferramenta útil de avaliação e alinhamento estratégico são os chamados mapas de transformação, como ilustra a figura 17.[13] Essa ferramenta ilustra o planejamento com cenários em termos da posição desejada (neste caso, em termos de fatia de mercado) e de um cronograma de ações e de metas intermediárias estabelecidas em marcos temporais predefinidos.

Nesse exemplo, imagine uma indústria do setor automotivo que, no planejamento estratégico de 2010, estabeleceu uma meta de elevação de seu *share* de mercado para um horizonte de 10 anos. Ao mesmo tempo, feita a análise de tendências e construídos os cenários para 2020, foram eleitas cinco linhas de ação: cobertura da rede de distribuição, lançamento de novos produtos, eficiências nos processos fabris, política de pós-venda e capacitação da rede de distribuição. Uma série de ações está prevista. Algumas serão tomadas uma única vez no horizonte de análise (cobertura da rede). Outras terão caráter contínuo

[13] Uma das mais importantes contribuições para as análises de mapas estratégicos encontra-se em Kaplan e Norton (2005). Inúmeros casos brasileiros, baseados na metodologia de uso *Balanced Scorecard*, podem ser encontrados em Coutinho e Kallás (2005).

até 2014 e assim por diante. A evolução do *share* de mercado, indicador para o qual foi definida a posição desejada, passará a ser avaliada anualmente a partir de 2013 até 2015.

Figura 17

EXEMPLO DE MAPA DE TRANSFORMAÇÃO

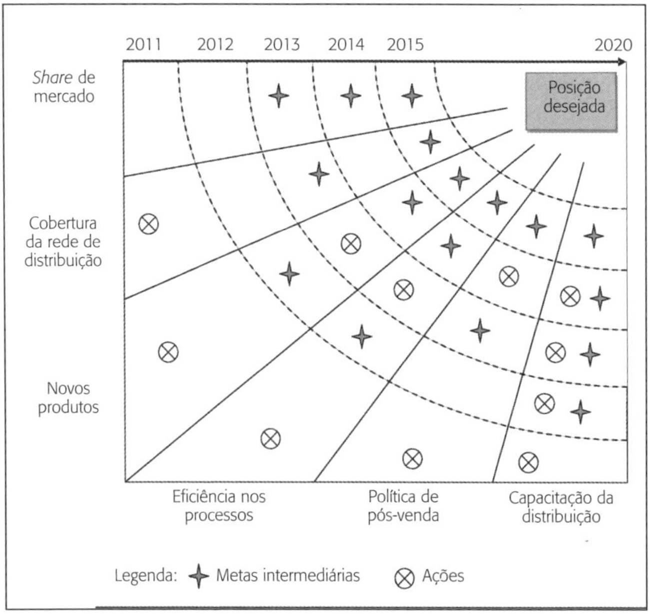

Fonte: Elaborado pelos autores.

Todas as linhas de ação serão avaliadas em 2015, momento em que a própria posição desejada para 2020 e o percurso desde 2010 serão reavaliados com uma reflexão ampla do aprendizado até aquele momento. Mas o monitoramento e alinhamento estratégicos serão feitos anualmente até lá, pois há metas intermediárias a cumprir a cada ano em pelo menos uma das quatro dimensões eleitas como foco de ação da empresa. A metodologia de monitoramento e alinhamento estratégicos por trás de ferramentas como mapas de transformação pode ser sintetizada na afirmação de Prahalad e Krishnan (2008:215): "Foco no longo prazo e ações de curto prazo são a essência da transformação organizacional".

O interessante a notar é que, em muitos casos, sucessivas ações corretivas levadas a efeito para adequar a estratégia empresarial à evolução do ambiente de negócios podem resultar em mudanças profundas na forma de operação das organizações. A geografia dos negócios não é estável e a própria organização se transforma e aprende quando busca atingir suas metas. No limite, a própria ideia de negócio pode chegar ao futuro, antevisto anos antes, profundamente alterada. O caso da IBM, citado no capítulo 2, é bastante ilustrativo.

Esse é outro aspecto fascinante do planejamento com cenários. Ele deixa claro que as empresas são organismos que evoluem, em razão tanto de seu esforço próprio quanto de elementos ambientais que elas não controlam e que, muitas vezes, surpreendem até os melhores estrategistas. Felizmente, o futuro da ação humana será sempre uma história por escrever.

Novas forças motrizes e alinhamento estratégico no varejo paulistano[14]

De todas as mudanças no ambiente empresarial que exigem alinhamento estratégico, a entrada de novos competidores pode ser a mais impactante, especialmente para os *players* menores. Nesta seção, apresentamos um caso prático bastante ilustrativo que mostra a importância de monitorar forças em movimento, bem como algumas formas de alinhamento da ação empresarial.

Por sua vez, a chegada de novos competidores pode estar relacionada com movimentos que têm origem na esfera ma-

[14] Fonte: Balestrin e Verschoore (2008).

croeconômica, como o crescimento do consumo ou a baixa do câmbio, ditando forças motrizes de amplo impacto e que atingem diversos mercados ao mesmo tempo.

Nas últimas décadas, o Brasil tem vivido um saudável processo de melhoria na distribuição de renda. Por isso, milhões de famílias têm deixado os estratos de renda mais baixos (a chamada "base da pirâmide" social), ampliando e diversificando seus padrões de consumo. Esse segmento passou a chamar cada vez mais a atenção das grandes redes de varejo, as quais passaram a adaptar seu modelo de operação. Mas isso se tornou uma grande ameaça para os pequenos varejistas, cuja ideia de negócio tinha como um de seus fundamentos (ou competências distintivas) a proximidade com seu público e o conhecimento das características do consumo local ou "consumo de bairro".

Em meio a esse processo, no ano 2000, os irmãos Morita realizaram um grande investimento para modernizar o supermercado Portal, um pequeno estabelecimento de varejo na zona norte da capital paulista que era administrado pela família desde 1986. Passado pouco mais de um ano da finalização do projeto, o Grupo Pão de Açúcar abriu uma unidade nas imediações. As vendas do Portal, que haviam crescido perto de 30% com a modernização, caíram mais de 20% nas primeiras semanas que se seguiram à chegada do Pão de Açúcar.

A salvação do empreendimento familiar só foi possível graças à adesão ao Supervizinho, uma rede de mercados criada naquele mesmo ano de 2001. Com isso, o faturamento do Portal voltou a crescer, acumulando alta de 40% até 2007.

O Supervizinho é uma associação que reúne 26 empresários, proprietários de pequenos e médios supermercados de bairro em toda a Grande São Paulo. São ao todo 29 lojas independentes que compartilham a mesma identificação visual, desenvolvem estratégias de marketing e administrativas conjuntamente e realizam compras compartilhadas em bloco, o que lhes garante maior poder de barganha junto aos fornecedores tanto de mercadorias quanto de material de apoio e logística. A rede também tem uma estratégia comum de fidelização através de um cartão de crédito próprio, o Supercard.

Em 2008, a rede inaugurou um centro de distribuição, responsável pela logística de abastecimento das lojas associadas. A administração do Supervizinho é realizada por executivos oriundos de grandes redes de varejo. Lúcia Morita, uma das proprietárias do Portal, avalia que o mais importante é a oportunidade de compartilhar ideias e experiências entre os empresários. Ela declara: "Antes de aderir à rede, nosso mercado tinha uma estratégia de comunicação muito tímida, o que dificultava a concorrência com o Pão de Açúcar. Foi a convivência com outros empresários que nos fez adotar uma comunicação mais agressiva e que surtiu efeito. Mas, até então, não tínhamos tão clara a importância desse elemento na estratégia da empresa".

Outro exemplo é a rede Construir, que reúne 34 pequenas lojas paulistanas de material de construção. Segundo Sérgio Gomes, um dos gestores da rede, a iniciativa surgiu como uma simples central de compras que melhorou o padrão de negociação com os fornecedores. Mas Gomes afirma (Balestrin e Verschoore, 2008:155) que isso não basta para garantir a competitividade dos associados ante os gigantes do varejo como Telha Norte e Leroy-Merlin, que surgiram no mercado brasileiro de materiais nas últimas décadas. Em 2008, a Construir deu mais um passo, dessa vez na linha do marketing, com inserções diárias no Bom Dia São Paulo da Rede Globo e a distribuição de mais de 1 milhão de folhetos de ofertas a cada 45 dias. O custo da campanha de marketing foi de mais de R$ 1,2 milhão. Mas metade desse valor foi pago pelas empresas fornecedoras da rede e o restante foi rateado entre os associados a um custo mensal de R$ 3 mil. Gomes afirma que nenhum dos associados jamais havia imaginado ser capaz de participar de uma iniciativa como essa e nunca iria apostar que o custo de uma campanha daquele alcance pudesse ser tão baixo.

Ambos os casos mostram que mudanças ambientais geraram grandes *gaps* de acesso a recursos e explicitaram *gaps* de competência diante de novos padrões de concorrência. As duas situações demonstram que a cooperação foi a linha de ação escolhida para eliminar esses hiatos, alinhando a estratégia dos varejistas.

O que é notável, em especial nas últimas duas décadas, é que muitas das forças que estão alterando a forma como as mais diferentes empresas estão fazendo negócios residem no comportamento do consumidor, fortemente impactado pela ascensão das redes sociais e da consciência socioambiental. Vejamos essas transformações com mais detalhes.

O novo papel do consumidor no ambiente de negócios

Nossa discussão sobre alinhamento estratégico não poderia deixar de voltar a um tema introduzido no capítulo 2: as tendências de transformação no comportamento dos consumidores e a necessidade de manter empresas e profissionais em sintonia com as expectativas e o processo de valoração de seus clientes finais. E tudo isso por uma razão simples: o consumidor final é um dos elementos centrais do jogo de negócios e, portanto, é preciso incorporar suas tendências de comportamento e seus mecanismos de atribuição de valor ao planejamento com cenários.

A principal referência para desenvolver mecanismos de alinhamento estratégico com relação ao consumidor pode ser encontrada em autores como Prahalad e Ramaswamy (2004), Prahalad e Krishnan (2008) e Ramaswamy e Gouillart (2010).

Esses autores propõem a ruptura como o antigo paradigma de geração de valor centrado na empresa para o que chamam de cogeração, ou cocriação, uma visão centrada na busca de experiências diferenciadas (por parte dos consumidores) e na busca de fornecedores em escala global por parte das empresas.

Segundo essa abordagem, as empresas devem oferecer mais do que um simples conjunto de opções a seus clientes: a experiência do consumo começa antes e se estende para muito depois da compra do bem ou do serviço. Nesse sentido, o ambiente no qual o consumidor está inserido interfere decisivamente na geração-percepção de valor. Tal ambiente inclui as relações do consumidor com uma rede, muitas vezes não percebida, de empresas e com uma teia de outros consumidores, sobretudo por meio das redes sociais.

Assim, como a forma de atribuição de valor por parte dos consumidores está sendo alterada por uma série de tendências em curso, as empresas devem buscar desenvolver competências e acessar recursos que evitem o surgimento de *gaps* relevantes entre esse novo perfil de cliente e sua própria prática de negócios.

Dado que o ambiente de consumo é altamente individualizado e as tendências comportamentais são muito voláteis, o próprio consumidor acaba se tornando uma fonte relevante de informação para que as empresas possam maximizar a cogeração de valor. Não é por outro motivo que têm proliferado pelo mundo os chamados softwares abertos, isto é, programas cujos códigos-fonte estão disponíveis para sugestões e críticas de aficionados de todas as partes do planeta.

Ninguém melhor do que os usuários em potencial de programas para anteciparem problemas e sugerirem aperfeiçoamentos. Isso também explica o fenômeno do *tryvertising*, já discutido no capítulo 2. Em outros casos, algumas empresas publicam versões sintetizadas de suas próprias estratégias na internet, abrindo espaço para críticas e sugestões de seus clientes ou de qualquer pessoa interessada, a chamada *open-source strategy* (Newstead e Lanzerotti, 2010). A evolução recente das fontes de competência é mostrada na figura 18.

Figura 18

FONTES DE COMPETÊNCIAS PARA AS EMPRESAS

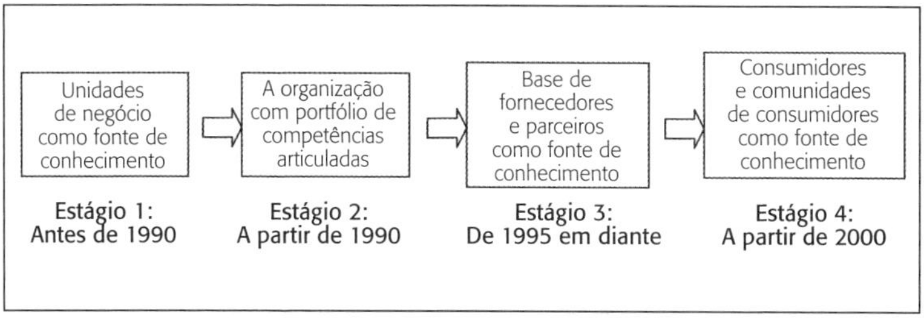

O antigo paradigma da geração de valor corresponde aos estágios 1 e 2. Neles, as unidades de negócio eram vistas como fonte do conhecimento necessário ao sucesso empresarial (antes de 1990) e as empresas eram geridas de forma menos orgânica. Assim, uma empresa como a Mitsubishi era vista por meio de seus vários segmentos produtivos: automóveis, televisores etc. Idem para empresas de serviços como companhias aéreas cujas rotas regionais eram operadas por unidades de negócio com nomes-fantasia próprios.

Um passo à frente foi dado a partir dos anos 1990 com uma visão mais integrada das corporações. Competências diversas poderiam estar dispersas em diferentes unidades de negócio e o segredo era a melhor integração possível dessas competências, muitas vezes sob o "guarda-chuva" da marca única. Corresponde a essa fase a grande transformação no *mix* de oferta de produtos e serviços bancários. A partir de meados dos anos 1990, ao entrar em uma agência, o cliente passou a poder fazer um número elevado de transações, desde abrir uma simples conta até adquirir um seguro saúde.

A atenção com a cadeia de suprimentos e com as estratégias de parceria emergiu em meados dos anos 1990, inaugurando o estágio 3. A ideia já bastante difundida de "coopetição" corresponde a esse estágio (Brandemburger e Nalebuff, 1996). Empresas rivais em algumas atividades passaram a cooperar em outras com vistas a conseguir um melhor acesso a determinados recursos sem abrir mão de suas competências próprias. Esse comportamento oferece grandes vantagens na gestão da cadeia de suprimentos, espaço privilegiado de cooperação entre rivais.

Mas é o estágio 4 que corresponde à síntese das tendências empresariais que já estão se desenhando, alterando o processo de atribuição de valor pelos consumidores. Sem abandonar aspectos relevantes dos estágios anteriores, o estágio 4 aponta para a necessidade de contínua interação entre a empresa e seus clientes, desde a concepção de seus projetos até a fase crítica do pós-venda. Isso porque o valor é gerado em diversos momentos ao longo dessa interação.

A grande competência empresarial a ser buscada nessa etapa é a capacidade de gerenciar redes, mas não apenas de fornecedores e parceiros, como no estágio 3. O relevante são redes que se estendem para o conjunto de empresas que contribuem com a geração do ambiente e da experiência de consumo e redes de consumidores cada vez mais informados, críticos e ativos no processo de geração de valor (capítulo 2).

Em resumo, a empresa que melhor pode adaptar-se ao estágio 4 é a chamada empresa nodal. Por esse nome deve-se reconhecer a empresa capaz de se posicionar em pontos críticos (nós) das teias de geração de valor, um autêntico ecoambiente de negócios (Prahalad e Krishnan, 2008). Tais redes compreendem fornecedores e parceiros, contando com a atuação dos próprios consumidores em alguns momentos, ou das comunidades de consumidores, quando essas são relevantes. O quadro 11 faz um comparativo do perfil das empresas no paradigma tradicional de geração de valor e no paradigma da cogeração.

Quadro 11
COMPARATIVO ENTRE OS DOIS PARADIGMAS DE GERAÇÃO DE VALOR

	Paradigma tradicional	Paradigma da cogeração
Visão de valor	Oferta de experiências de consumo predefinidas para um conjunto de clientes determinado e bem caracterizado.	Criação de valor pela geração de experiências diferenciadas para consumidores, empregados, gestores e fornecedores.
Objetivos	As metas táticas e estratégicas são determinadas com precisão e não são modificadas com frequência.	As metas iniciais de desempenho futuro são um ponto de partida, mas a organização aprende com o tempo e, eventualmente, escolhe novos objetivos (altera cenários).
Foco da ação	Atuação focada nos interesses de cada empresa: maximização da fatia de valor apropriada pela organização em sua cadeia.	Ações visando à geração do máximo valor para todos os agentes envolvidos (*stakeholders*). A maximização do *share* de valor apropriado torna-se menos importante quando o valor total gerado é crescente.
Vantagem competitiva	Conquista de posições de mercado antes dos competidores: economias de escala, *share of mind* ou ativos de propriedade da organização.	Vantagens competitivas são geradas e sustentadas pelo processo de interação entre os agentes envolvidos e por meio de sua avaliação de cada experiência em particular. Isso envolve de fornecedores a consumidores, incluindo empregados.

Fonte: Adaptado de Ramaswamy e Gouillart (2010).

Um aspecto de grande interesse nas empresas nodais, e que emergiu com sucesso no último estágio da figura 18, é o envolvimento dos próprios empregados nos processos de cogeração de valor, movimento que vai além da rede de outras empresas que compõem os ecossistemas empresariais. Ramaswamy e Gouillart (2010) afirmam que a emergência dos novos padrões de comportamento dos consumidores revelou que atores como empregados e fornecedores não se envolverão de maneira efetiva na geração de valor para os clientes finais se não perceberem que também serão beneficiados direta e explicitamente.

Portanto, o foco das ações de sucesso na geração de valor não deve se limitar de forma míope aos objetivos imediatos de cada empresa, mas estender-se a todo o seu ecossistema. Tendencialmente, devem desaparecer as empresas centradas no valor, as quais já estão sendo substituídas pelas redes centradas no valor e no relacionamento com o cliente final. Todos os movimentos de alinhamento devem tomar essa tendência como norteadora da ação estratégica. Os conceitos de redes, ou ecoambiente empresarial, e empresa nodal são ilustrados na figura 19.

Figura 19

Redes de empresas e sua interação com redes de consumidores

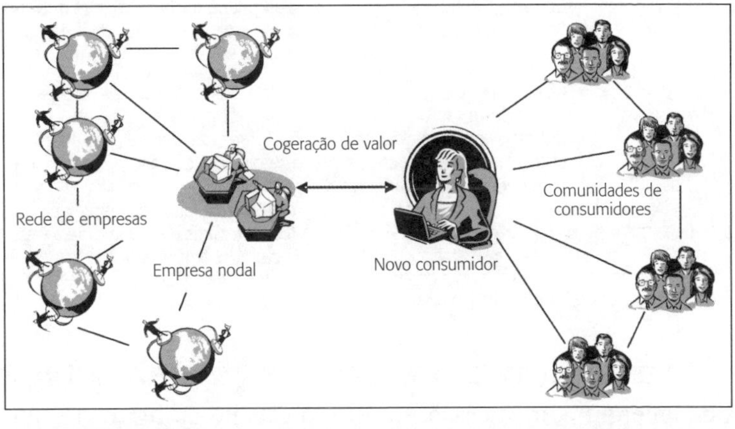

A empresa nodal não é apenas aquela que aparece no final de uma teia de empresas e se defronta diretamente com o consumidor na cogeração. São empresas nodais todas aquelas cuja presença nas cadeias produtivas que afluem para o varejo tem relevância no processo de cogeração de valor. Assim, por exemplo, uma empresa como a Dell não deixa de colocar em seus computadores selos identificando que o equipamento tem processador AMD ou Intel e sistema operacional Windows.

Da mesma forma, uma empresa aérea como a TAM em alguns momentos serve para seus passageiros sorvetes de uma linha especial da Nestlé. Mas mesmo empresas produtoras de *commodities* como a Vale, a Gerdau e a Suzano desenvolvem campanhas de marketing procurando comunicar ao público suas políticas de responsabilidade socioambiental, o que demonstra que são afetadas pelos novos processos de valoração dos consumidores finais. A figura 20 ilustra essas relações.

Figura 20
EMPRESAS NODAIS NAS REDES DE COGERAÇÃO DE VALOR

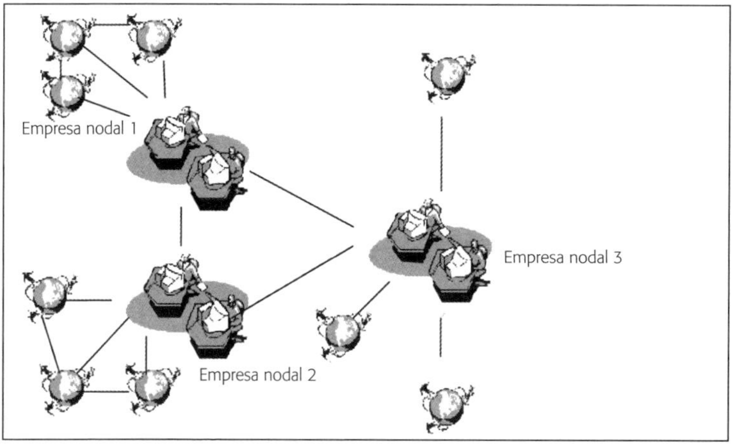

As empresas nodais formam os nós críticos de uma teia de organizações, todas potencialmente contribuindo com a geração de valor. O novo consumidor, por sua vez, inicia o processo de percepção, e cogeração, muito antes de se defrontar com o varejista. Todas as cinco características citadas no capítulo 2 aparecem aqui, a começar pelo amplo acesso à informação possibilitado pela TI disponível em nossos dias. Por meio de suas redes de contato e munido de uma visão global, esse consumidor é muito mais ativo e crítico. Muitas vezes se interessa diretamente em saber quais outras empresas estão por trás da empresa nodal distribuidora com a qual se defronta: seus fornecedores de insumos-chave, as parceiras em atividades como entrega e assistência técnica etc.

Agora, vamos situar o foco analítico na interação entre a empresa nodal que aparece no final da rede e o novo tipo de consumidor que está emergindo no último estágio da figura 18. É nessa interação que surge o chamado ambiente de experimentação. E esse ambiente é de importância crucial para nossa análise. De um lado, é nele que as empresas devem buscar o aprendizado das competências necessárias para atender as expectativas do novo consumidor. E é nesse ambiente que podem ocorrer falhas caso não sejam eliminados *gaps* de competência ou acesso a recursos. Portanto, esse deve ser o foco para a busca de alinhamento estratégico.

Temos aqui um elemento de grande importância, segundo a visão da cogeração de valor. Corrigir a ação estratégica significa eliminar *gaps* de competência ou acesso a recursos. Mas a correta identificação desses *gaps* é um processo de aprendizado. Na busca da posição desejada, tendo por referência o cenário mais provável, as organizações descobrem como as expectativas e os processos de atribuição de valor de seus clientes estão mudando. Só assim o alinhamento se torna efetivo.

Muitos *gaps* surgem como consequência de mudanças nesse importante elemento do ambiente empresarial: o comportamento do próprio consumidor. Quando isso ocorre, vivemos uma autêntica mudança de paradigma, isto é, de forma-padrão de atuação das empresas. Então, o sucesso passado pode perder por completo sua capacidade de orientar a ação com vistas à posição desejada no futuro. A própria ideia de negócio pode estar sob ameaça e precisará ser reinventada.

A figura 21 sintetiza a ideia de ambiente de experiência no qual se dá a cogeração de valor, enumerando as características mais favoráveis a esse processo. Essas características são resumidas por Prahalad e Ramaswamy (2004:36) como DART: diálogo, acesso, avaliação de risco e transparência.

Figura 21
Elementos do ambiente de cogeração de valor

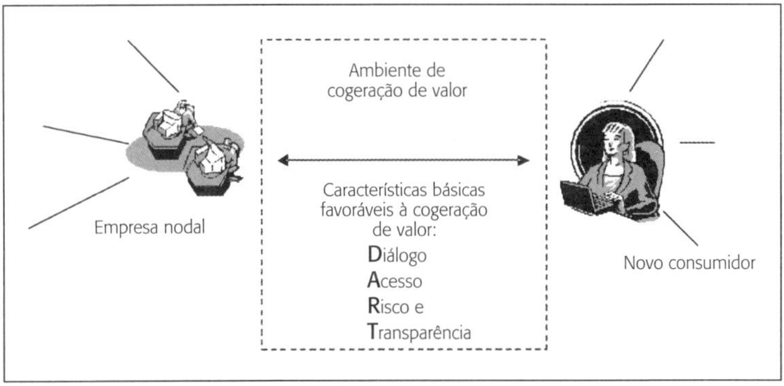

Vamos analisar cada um dos elementos DART.

- *Diálogo*. O novo consumidor é ávido por informações detalhadas sobre os bens e serviços que adquire. Se seu médico lhe pede um exame ultrassofisticado, receoso, você poderia acessar a internet em busca de informações sobre a doença e sobre a real necessidade do exame. Poderia voltar ao médico e questioná-lo. Ele deve estar pronto a dialogar com você em linguagem de leigo. Da mesma forma, ao entrar em uma loja de armários sob encomenda, você pode encontrar cartazes com destaque para a certificação ISO que a loja busca associar a seus produtos. Como já leu algo a respeito, você pode perguntar se a certificação é da madeira ou do móvel. Pode querer ainda saber as diferenças entre aglomerado e MDF, e assim por diante. A experiência de consumo começou antes da compra! Ambientes que valorizam o diálogo maximizam a geração-percepção de valor.

- *Acesso.* O novo consumidor é um grande demandante de serviços, uma das megatendências destacada no capítulo 1. Muitas vezes, em lugar de comprar um objeto, ele deseja experimentar um estilo de vida, ter acesso a um padrão de consumo por algum tempo em uma experiência individualizada e temporalmente contextualizada. Ao comprar um vinho, por exemplo, o consumidor pode valorizar enormemente ganhar como brinde um ingresso para uma feira vinícola onde haverá degustação. Ele se sentirá integrando uma nova comunidade de consumidores e sua experiência de consumo do vinho será muito mais valorizada. Ele conhecerá o estilo de vida dos entendedores de vinho. Do mesmo modo, visitar as instalações de uma empresa pode satisfazer diversas curiosidades do consumidor quanto ao modo de fabricação de certos produtos. Os consumidores fiéis de cerveja adorariam conhecer uma cervejaria. Faz parte do estilo de vida dos apreciadores de cerveja ir além do ato de saboreá-la. Os fãs de certos artistas deliram ao ter acesso aos camarins de seus ídolos e assim por diante.
- *Avaliação de risco.* Um dos grandes dramas de empresas que tentam ingressar no último estágio da figura 18 é a fidelidade dos consumidores às velhas marcas ou a empresas que já fizeram essa mesma transição há mais tempo. A abordagem-padrão, muito utilizada pelas estratégias de marketing, é enfatizar os benefícios de novos produtos e serviços. Mas o novo consumidor está igualmente interessado nos riscos que corre e não é mais tão ingênuo como há alguns anos. Afinal, o uso prolongado de adoçantes dietéticos pode ser cancerígeno? A terapia de reposição hormonal pode elevar o risco

de infarto nas mulheres? As ondas dos telefones celulares e fornos de micro-ondas são mesmo maléficas? Os fundos de previdência são seguros no longo prazo? O volume de informação sobre os riscos assusta um número crescente de consumidores e as empresas têm de estar prontas a responder a esse importante componente do ambiente no qual o valor é cogerado. Saber dos benefícios já não basta. Grandes marcas perdem em fidelidade quando ocultam riscos de seus consumidores.

- *Transparência.* Qual não é nossa surpresa quando descobrimos que o eletroeletrônico que compramos tem suas peças fabricadas no Canadá, mas é montado na Indonésia... E aquele produto "japonês" *made in* Filipinas? Ao mesmo tempo, podemos estar muito satisfeitos com o atendimento oferecido por nosso gerente de banco. Mas quando descobrimos que 100% da folha de pagamento do banco são cobertos pelas tarifas que pagamos, será que nossa satisfação continua a mesma? Para algumas pessoas, não! Por outro lado, para muitas pessoas, saber que o *sushiman* do restaurante japonês nasceu na Bahia é motivo de orgulho e satisfação. Mas o salmão do mesmo restaurante é chileno e só tem a cor típica porque come ração com colorante... O fato é que o novo perfil de consumidor exige grande transparência sobre toda a cadeia de geração de valor que aflui para as empresas nodais do varejo. Surpresas indesejadas alteram de tal forma o ambiente no qual o consumo ocorre que podem ser desastrosas.

Esses elementos mostram que o novo processo de cogeração de valor não é mais unidirecional (da cadeia de empresas para o consumidor através do mercado) nem se esgota no momento da compra. Mesmo a antiga visão do pós-venda, voltada exclusivamente para "trazer o cliente de volta no futuro", não coloca a questão do ambiente de consumo em seu devido lugar. Os elementos DART podem servir de guia para o alinhamento estratégico na medida em que as organizações reconhecem que o ambiente de consumo, e não mais o simples produto ou serviço, é o novo lócus da geração-percepção de valor e do aprendizado empresarial.

O quadro 12 sintetiza os quatro princípios da cogeração de valor que devem ser observados nos movimentos de alinhamento estratégico.

Quadro 12

QUATRO PRINCÍPIOS DA COGERAÇÃO DE VALOR

1. Princípio do valor compartilhado	Fornecedores e empregados não se integrarão às estratégias de geração de valor se não participarem da apropriação desse mesmo valor.
2. Princípio do foco nas experiências	Cada grupo de clientes, cada projeto e cada unidade de negócio têm peculiaridades e representam experiências com aspectos únicos. É na compreensão dessas características distintivas que reside a principal fonte de aprendizado para o alinhamento estratégico.
3. Princípio da interação	Todos os envolvidos nos processos e nas cadeias de suprimentos devem poder interagir. A compreensão dos processos exige acesso efetivo a cada um de seus estágios.
4. Princípio do fórum de experimentação	Consumidores, empregados e fornecedores devem ter espaços e oportunidades adequadas para expressar sua própria visão sobre os processos, compartilhando suas experiências de maneira efetiva e franca. Cada segmento das cadeias deve ter seu fórum próprio.

Fonte: Adaptado de Ramaswamy e Gouillart (2010).

Para ilustrar a importância desses princípios na prática, mostrando também como eles nortearam a execução de fato de uma rápida e delicada operação de alinhamento, a seção seguinte discute o caso de uma grande empresa, destacando o impacto do novo comportamento do consumidor sobre os processos de geração de valor. Sugerimos que você, leitor, tome os elementos DART e os quatro princípios da cogeração de valor como um guia de leitura do caso.

Elementos DART e alinhamento estratégico: o caso da Timberland[15]

Na manhã de 1º de junho de 2009, Jeff Swartz, presidente mundial da Timberland, começou a receber uma série interminável de e-mails, todos com o mesmo conteúdo. A empresa era acusada por ambientalistas de utilizar em seus produtos couro originado de rebanhos criados na Amazônia brasileira. Esse fato era verdadeiro. Mas os e-mails acusavam a empresa de conivência com o desmatamento ilegal da floresta, o uso de mão de obra escrava e a expulsão de populações indígenas de suas terras. Esses ativistas associavam a Timberland diretamente a agressões ao meio ambiente e às mudanças climáticas. As mensagens terminavam dizendo que os remetentes gostariam de saber que medidas a empresa adotaria para solucionar o problema.

Diante da avalanche de mensagens, o pessoal da empresa rapidamente descobriu tratar-se de um texto-padrão baixado do site do Greenpeace. E, de fato, alguns e-mails tinham um conteúdo adicional estimulando a Timberland a cooperar com o Greenpeace na busca de uma solução definitiva. Em duas semanas, a empresa recebeu 65 mil mensagens, o que sugeriu que o tema e as acusações estavam se espalhando pela rede com velocidade.

[15] Fonte: Swartz (2010).

A situação pareceu paradoxal para a direção da Timberland. A empresa desenvolve programas socioambientais em várias partes do mundo. Mas descobriu-se que poucas pessoas no topo da organização sabiam de onde vinha o couro utilizado e menos ainda em que condições os rebanhos eram criados. O único número conhecido com certeza era que apenas 7% do couro comprado pela empresa vinham do Brasil. Nos termos da análise de Prahalad e Ramaswamy (2004), os fornecedores de couro no início da cadeia não pareciam, aos olhos da Timberland, empresas nodais, isto é, organizações capazes de afetar a atribuição de valor aos produtos da empresa.

O desafio que a direção da Timberland enfrentou nos dias seguintes foi encontrar o tom certo para se comunicar com os ativistas, respondendo os milhares de e-mails recebidos. Mas o tempo conspirava contra a empresa. Mobilizar a cadeia de suprimentos em busca de informações, cancelar contratos, mudar a logística de obtenção dos recursos levaria semanas e a indignação do Greenpeace se espalhava rapidamente. A ONG adotou estratégia semelhante junto às empresas que utilizavam ou vendiam carne bovina brasileira como o Walmart. Para não ficar de braços cruzados, a Timberland iniciou conversações diretas com o Greenpeace. Em 22 de julho, sofrendo pressões semelhantes, a Nike anunciou que passaria a exigir dos fornecedores brasileiros um certificado por escrito de que o couro não provinha de rebanhos cultivados em áreas desmatadas ilegalmente.

Nos últimos dias de julho de 2009, a Timberland conseguiu fechar acordo semelhante com seus fornecedores e publicou um comunicado louvando a ação do Greenpeace. Por isso, a empresa ganhou da ONG um elogio público dizendo que a Timberland havia assumido uma posição de liderança naquela questão ambiental específica.

Somente em 30 de outubro os milhares de e-mails recebidos desde o início de junho foram definitivamente respondidos.

A mensagem relatava o acordo com os fornecedores, destacava o "excelente trabalho" do Greenpeace, que tinha conseguido chamar a atenção para uma questão relevante, e encerrava com os seguintes dizeres, assinados pelo próprio Swartz: "Sua iniciativa provocou mudanças no sistema. Aplaudimos seu ativismo".

E então, leitor? Conseguiu identificar alguns dos elementos DART no caso? Deixamos para você a reflexão final sobre o tema. Certamente, a Timberland teve de adquirir algumas novas competências com extrema velocidade e passou a cuidar melhor de seu acesso a um recurso tão estratégico como o couro, alinhando-se com os novos mecanismos de percepção-geração de valor e com o novo perfil do consumidor.

Nesse mesmo sentido, uma discussão ampla sobre tendências do consumo sustentável, com diversos alertas para empresas e pessoas de negócios, foi realizada pelo Fórum Econômico Mundial (World Economic Forum, 2010). E uma das principais conclusões do relatório, amplamente destacada nos capítulos 2 e 4 deste livro, é que o comportamento do consumidor é a grande fonte das tendências em curso.

Em resumo...

Ao final deste capítulo, acreditamos que você, leitor, já pode dimensionar com clareza o desafio do alinhamento estratégico. Você talvez tenha se imaginado em um navio na Era dos Descobrimentos, explorando um mundo ainda incerto. Os cenários forneceram os mapas mais confiáveis. As tendências talvez se refiram às condições atmosféricas e às novas características da geografia do Novo Mundo que só podem ser descobertas ao longo da aventura. E, se é assim, o alinhamento estratégico se refere, metaforicamente (claro), tanto às decisões do capitão sobre o melhor itinerário para chegar ao destino quanto à correção de algumas linhas de ação da tripulação.

Desafio

A maioria de nós assistiu ao surgimento e à decadência da tecnologia do CD. Depois de ter reduzido as velhas coleções de discos de vinil a peças de museu ou de colecionadores, o CD está lentamente desaparecendo das prateleiras das lojas. Em boa medida, isso se deve à distribuição de músicas pela internet, uma importante força motriz. Mas o surgimento desse novo padrão tecnológico tem representado grande desafio para muitos intérpretes e compositores. Eles reúnem as competências distintivas (talento individual) e acessam os recursos (tecnologia de TI das gravadoras) necessários para sua ideia de negócio. Mas alegam que seus ganhos estão sob séria ameaça devido aos novos padrões como o mp3 ou o mpeg4. Utilizando a análise desenvolvida neste capítulo, identifique o que há de errado em termos da soma de competências distintivas e recursos estratégicos nesse mercado, dadas as tendências em curso.

Conclusão

Ao final deste livro, nós, autores, temos uma esperança e uma curiosidade. A esperança é a de termos apresentado de forma clara e sistemática as linhas mestras do planejamento com cenários, esse campo tão vasto e tão rico entre as disciplinas que compõem o estudo da gestão de negócios. A curiosidade se refere ao estado mental em que nosso leitor deve estar neste exato momento.

Talvez você, leitor, esteja estimulado a continuar explorando o planejamento com cenários, mergulhando em nossas referências bibliográficas. Para nós, seria uma grande vitória. Bons livros são aqueles que, além de merecerem mais de uma leitura, também nos estimulam a ler ainda mais. O planejamento com cenários é um tema essencialmente interdisciplinar e possui interfaces com diversas áreas do conhecimento. Além do nexo evidente com estratégia empresarial, também dialoga com economia, marketing, comportamento do consumidor, gestão de projetos e outras tantas.

Ou talvez você, leitor, esteja ansioso por aplicar o conhecimento adquirido aqui no planejamento da estratégia de sua empresa e em ações com vistas a acelerar sua própria carreira profissional. Se for assim, tenha certeza que nós, autores, também ficaremos muito satisfeitos. O planejamento por cenários é uma disciplina de caráter essencialmente prático. Sem dúvida, temos referenciais teóricos sólidos. Mas um de nossos maiores propósitos é oferecer ferramentas e modelos mentais de uso essencialmente aplicado, voltados para o aprimoramento da gestão de empresas, negócios e carreiras, sempre com foco nas mudanças em curso, na geração de valor e na satisfação das expectativas dos consumidores finais, hoje e no futuro.

Mas, quem sabe, você, leitor, esteja antes de tudo intrigado. Pois saiba que este é nosso maior objetivo. Se, ao final deste livro, você notar que formulou diversas vezes questionamentos que começaram com "mas, então...", tenha certeza de que não foi por acaso.

O planejamento com cenários visa favorecer o questionamento, a ruptura com velhos paradigmas, com comportamentos recorrentes do tipo *business-as-usual*. Como afirmam Prahalad e Krishnan (2008:214): "É importante reconhecer que os processos e capacidades gerenciais que nos trouxeram até onde estamos talvez não nos conduzam para onde queremos estar". Essa é a maior das motivações para a inovação. Essa é a essência do conceito de ideia de negócio que tanto exploramos.

Vivemos tempos de mudanças intensas e rápidas. Por isso a sustentação de vantagens competitivas exige um processo contínuo de aprimoramento e aprendizagem, imaginação e recriação, reinvenção de processos, questionamento de práticas bem-sucedidas. Sem levantar os olhos, mirando o horizonte, e sem redobrar a atenção a cada passo, empresas e profissionais não conseguirão oferecer a seus clientes aquilo que realmente representa valor para eles.

Portanto, tudo o que nós, autores, não queremos é que nosso leitor feche este livro com um sentimento do tipo: "Eu sabia que tinha razão!". O futuro é, hoje, mais do que nunca, incerto. Não há como reduzir a incerteza que cresce na velocidade das mudanças em curso. Mas, certamente, há formas efetivas de tratar essa incerteza. E o primeiro passo é reconhecê-la, não se escorar no sucesso passado, identificar padrões de mudança e conceber futuros possíveis, atuando de acordo.

Adiante no tempo, certamente haverá ganhadores e perdedores. Haverá aqueles que foram beneficiados pelo sorriso da fortuna e aqueles que foram vítimas do acaso. Mas a fortuna e o acaso são volúveis. É melhor confiarmos em nossos próprios esforços, ajustando as velas, como quer que estejam soprando os ventos.

Referências

BALESTRIN, A.; VERSCHOORE, J. *Redes de cooperação empresarial*: estratégias de gestão na nova economia. Porto Alegre: Bookman, 2008.

BANCO CENTRAL DO BRASIL *Índices de preço no Brasil*. Série Perguntas mais frequentes. Brasília: Banco Central do Brasil, Diretoria de Política Econômica, 2010. Disponível em: <www.bcb.gov.br>. Acesso em: out. 2010.

BRANDEMBURGER, A.; NALEBUFF, B. *Co-opetition*: a revolution mindset that combines cooperation and competition. New York: Crown Business, 1996.

COLLINS, J. *Empresas feitas para durar*. Rio de Janeiro: Campus, 2001.

COUTINHO, A.R.; KALLÁS, D. *Gestão estratégica*: experiências e lições de empresas brasileiras. Rio de Janeiro: Campus, 2005.

DAVID, P.A. Clio and the economics of QWERTY. *American Economic Review*, v. 75, n. 2, p. 332-337, May 1985.

FRIEDMAN, T.L. *O mundo é plano*. Rio de Janeiro: Objetiva, 2005.

GONÇALVES, R. Um novo perfil de gerenciamento de projetos. *Conjuntura da Construção*, ano VII, n. 3, p. 15-16, set. 2009. Disponível em: <www.sindusconsp.com.br>. Acesso em: out. 2010.

_____; RAMOS, A.P. *Economia*: simples como deve ser. Santo André: Strong, 2008.

HAMEL, G.; PRAHALAD, C.K. *Competindo pelo futuro*. Rio de Janeiro: Campus, 1995.

HEIJDEN, K. van der. *Planejamento por cenários*. São Paulo: Bookman, 2009.

HENRY, A. *Understanding strategic management*. Oxford: Oxford University Press, 2007.

KAHN, H.; WIENER, A.J. *The year 2000*. New York: Macmillan, 1967.

KAPLAN, R.S.; NORTON, D.P. *Mapas estratégicos*. Rio de Janeiro: Campus, 2005.

KIM, W.C.; MALBORGNE, R. *A estratégia do oceano azul*. Rio de Janeiro: Campus, 2005.

KUHN, T. *A estrutura das revoluções científicas*. São Paulo: Cultrix, 2003. (Ed. orig. em inglês, 1962.)

NEWSTEAD, B.; LANZEROTTI, L. Can you open-source your strategy? *Harvard Business Review*, v. 88, n. 10, p. 32, Oct. 2010.

PORTER, M. *Competitive strategy*. New York: Free Press, 1980.

PRAHALAD, C.K. *A riqueza na base da pirâmide*. São Paulo: Bookman, 2009.

_____; KRISHNAN, M.S. *A nova era da inovação*. Rio de Janeiro: Campus, 2008.

_____; RAMASWAMY, V. *O futuro da competição*. Rio de Janeiro: Campus, 2004.

RAMASWAMY, V.; GOUILLART, F. Building the co-creative enterprise. *Harvard Business Review*, v. 88, n. 10, p. 100-109, Oct. 2010.

SCHAFFER, R.H. Erros que os líderes seguem repetindo. *Harvard Business Review*, v. 88, n. 10, p. 64-69, out. 2010.

SCHWARTZ, P. *A arte da visão de longo prazo*. São Paulo: Best Seller, 2000.

SHAPIRO, C.; VARIAN, H.R. *Information rules*. Boston: Harvard Business School Press, 1999.

SWARTZ, J. Presidente da Timberland conta como enfrentou a fúria de 65 mil ativistas. *Harvard Business Review*, ed. bras., v. 88, n. 10, p. 21-25, set. 2010.

SYDOW, J.; SCHREYÖGG, G.; KOCH, J. Organizational path dependence: opening the black box. *Academy of Management Review*, v. 34, n. 4, p. 689-709, Oct. 2009.

THUROW, L. *O futuro do capitalismo*. Rio de Janeiro: Rocco, 1997.

TURBAN, E. et al. *Business intelligence*: um enfoque gerencial para a inteligência do negócio. Porto Alegre: Bookman, 2009.

TURNER, N. Future-proofing your organization. *CEO Journal*, p. 1-4, Oct. 2008. Disponível em: <www.gbn.com>. Acesso em: set. 2010.

WACK, P. Scenarios: shooting the rapids. *Harvard Business Review*, v. 63, n. 5, p. 73-90, Nov./Dec. 1985.

WILKINSON, L. *How to build scenarios*. Disponível em: <www.wired.com/wired/scenarios/build.html>. Acesso em: set. 2010.

WORLD BANK. *World development report — 2005*: a better investment climate for everyone. Washington: Banco Mundial, 2005. Disponível em: <www.worldbank.org>. Acesso em: out. 2010.

WORLD ECONOMIC FORUM. *Redesigning business value*: a roadmap for sustainable consumption. Genebra: WEF, 2010.

Os autores

Robson Ribeiro Gonçalves

Mestre em economia pela Universidade Estadual de Campinas (Unicamp), graduado em economia pela Universidade de São Paulo (USP). Consultor de empresas públicas e privadas na FGV Projetos. Professor convidado do FGV Management. Coautor dos livros *Economia empresarial* (Série Gestão Empresarial, FGV) e *Economia: simples como deve ser* (Strong). Foi técnico do Banco Central do Brasil e pesquisador do Instituto de Pesquisa Econômica Aplicada (Ipea).

Alexandre Pavan Torres

Doutor em inteligência organizacional pela Universidade Federal de Santa Catarina (UFSC). Graduado em engenharia industrial pelo Centro Federal de Educação Tecnológica do Rio de Janeiro (Cefet/RJ). Consultor de empresas públicas e privadas. Autor dos livros *Gestão estratégica: conceitos e práticas* (Lidel) e *Administração estratégica* (Insular). Autor de cursos sobre *Balanced Scored Card* e Controladoria do FGV *on line*. Professor convidado do FGV Management.

Murilo Ramos Alambert Rodrigues

Mestre em administração de empresas e graduado em economia pela Universidade Federal do Rio de Janeiro (UFRJ). É professor convidado e coordenador acadêmico de cursos de gestão empresarial do FGV Management. Sua experiência profissional inclui a atuação como consultor e professor de educação corporativa em empresas como Organizações Globo, Unimed, Apex, Caixa Econômica Federal, Embratel, Petrobras, Banco do Brasil, Coca-Cola, Light, Telemar e Claro.

Nora Raquel Zygielszyper

Mestre em economia pela Pontifícia Universidade Católica do Rio de Janeiro (PUC-Rio). Bacharel em engenharia elétrica, com especialização em sistemas, pela mesma universidade. Consultora de empresas públicas e privadas. Coautora do livro *Economia empresarial* (Série Gestão Empresarial, FGV). Professora convidada do FGV Management.

Este livro foi impresso nas oficinas gráficas da Editora Vozes Ltda.,
Rua Frei Luís, 100 – Petrópolis, RJ.